历史的横切面

· 另类角度看中国史 ·

史壮宁 —— 著

北京理工大学出版社
BEIJING INSTITUTE OF TECHNOLOGY PRESS

版权专有 侵权必究

图书在版编目（CIP）数据

历史的横切面：另类角度看中国史 / 史壮宁著. — 北京：北京理工大学出版社，2022.5

ISBN 978-7-5763-1228-7

Ⅰ.①历… Ⅱ.①史… Ⅲ.①中国历史—通俗读物 Ⅳ.①K209

中国版本图书馆CIP数据核字（2022）第056586号

出版发行 / 北京理工大学出版社有限责任公司
社　　址 / 北京市海淀区中关村南大街 5 号
邮　　编 / 100081
电　　话 /（010）68914775（总编室）
　　　　　（010）82562903（教材售后服务热线）
　　　　　（010）68944723（其他图书服务热线）
网　　址 / http://www.bitpress.com.cn
经　　销 / 全国各地新华书店
印　　刷 / 三河市华骏印务包装有限公司
开　　本 / 710 毫米 × 1000 毫米　1/16
印　　张 / 18　　　　　　　　　　　　　　　　责任编辑 / 徐艳君
字　　数 / 200 千字　　　　　　　　　　　　　文案编辑 / 徐艳君
版　　次 / 2022 年 5 月第 1 版　2022 年 5 月第 1 次印刷　责任校对 / 刘亚男
定　　价 / 60.00 元　　　　　　　　　　　　　责任印制 / 李志强

图书出现印装质量问题，请拨打售后服务热线，本社负责调换

目录

人物风评

哪个男人帅到把自己帅死了？中国古典十大男神排行榜 / 002

曾经推动晋国战车纵横天下，揭秘被历史风沙掩埋的冀家军 / 010

崔武子引狼入室，齐庄公贪色亡身 / 020

照亮曹魏史册的十大山西名将，个个故事精彩 / 026

房玄龄戚继光都是怕老婆的典范，这类男人长相有四个特点 / 033

唐太宗的千秋功过，别听书生迂论，得听历代帝王将相们怎么说 / 041

李白与王维争风吃醋？浪漫而卑劣的想象 / 047

绚烂归于平淡，红杏尚书的临终遗言对人生悟透了吗？ / 054

《清平乐》之宋代战神：他的大帐之外，三千甲士鸦雀无声 / 058

元顺帝做噩梦禁止军民养猪？唐伯虎梦到"中吕"两字就万念俱灰？ / 061

酒肉穿肠过，佛在心中坐？强逼破山和尚吃肉的另有其人 / 063

看看这两位古贤，才明白什么叫"举止安详" / 066

001

物华溯源

蒙恬被奉为"开山笔祖",其实在他之前毛笔已经成形了 / 070

"翩若惊鸿,矫若游龙",王羲之究竟用什么毛笔写字? / 072

贽礼:假如你成功穿越,该拿什么去当见面礼? / 075

在酒仙林立的盛唐,葡萄酒是怎样浪漫而诗意的存在? / 079

红裙飘飘,难道是唐代青楼的制服诱惑? / 087

绝味的东坡肉都堵不住嘴?还顾上管人家的风流韵事 / 090

宋代发明的多功能钟可秒杀布谷鸟报时钟,为何神秘消亡? / 093

太原最著名的物产不是醋,竟然是它? / 096

溯源安泽大叶茶,原是齐鲁大地的风尚 / 099

来山西太原,四百年的"头脑"你敢吃吗? / 105

中国人发明留声机比爱迪生至少早一百年? / 107

文化管窥

读了卖豆腐的和剃头匠的诗,有多少作家考虑封笔了? / 110

闭门造车:圣人何以不行而知,不见而明,不为而成? / 115

相由心生:四十岁的人为什么要为自己的长相负责? / 119

这诗写得太狠了!历来敢把它写出来的官没多少 / 122

看完这个丑和尚和老女佣的诗,九成诗人可以搁笔了 / 125

张衡的地动仪不科学？被请出历史课本是否欠妥？ / 128

宋代高僧描写过居家隔离的手机生活？那首禅偈怎么说？ / 131

赞叹《冈仁波齐》！为什么最隆重的礼仪是"五体投地"？ / 134

"小姐"这个词原来最早是被苏州人污染的 / 136

冷兵器时代，从军打仗必知的几个保命秘诀 / 138

真有踏雪无痕的高明武功？宋代人的记录里怎么说？ / 140

今古杂谈

古代朝廷风行的"五行德运"之说是个伪概念？ / 144

王羲之王勃的文章都有毛病！看看古代喷子是怎么喷的 / 148

同样追星，漫话现代人追得浅白，古代人就追得高级？ / 150

姓氏排座次，三大姓都该来山西拜一拜？ / 159

一个繁体"藝"字，就把成功学说透了 / 164

诗人"一语成谶"，仿佛预告自己的死亡，惊到难以置信 / 166

在清代考个秀才究竟有多难，比现在考个博士还难吗？ / 169

一年近三分之一的时间休息，跟古代上班族比，还是我们幸福得多 / 172

隋朝和秦朝惊人的相似，历史真是一个轮回？ / 175

说中国人是日本人的祖先，是五百童男童女还是"归化人"？ / 177

金兀术的孙子叫羊蹄？呵，古人怎么还有人叫猪狗？ / 181

躺枪的南十方和涅槃的北十方 / 183

紫禁城残缺了半间房有何深意？王翦的演技能得奥奖？ / 185

003

别上武侠小说的当！三瓢凉水，就浇凉了江湖 / 189

交杯酒不是交臂酒！一对新人原来可以婚得那么雅！ / 193

小说探微

为什么说《红楼梦》里贾府的汝窑瓷器都是山寨版？ / 198

《红楼梦》：贾瑞的风月宝鉴，为什么不能只有骷髅的一面？ / 202

《红楼梦》：宝玉对黛玉表白，如此晦涩几人能懂？ / 204

《红楼梦》里焦大说贾珍"爬灰"，这典故从何说起？ / 207

红楼索隐派：宝钗影射的是玩阴谋上位的雍正皇帝？ / 209

都是正五品，徐家的云骑尉是个爵位，贾家的龙禁尉是个实职 / 211

一部《水浒传》，尽见恶妇、淫妇、毒妇，那好女人呢？ / 215

波谲云诡，剑气甲光，"三言二拍"呈现了一个怎样的武侠世界？ / 218

吴承恩写出《西游记》前，孙悟空和红孩儿的故事已经出炉？ / 225

从金庸先生的《天龙八部》到佛学里的"天龙八部" / 230

风俗夜谭

高处跌落，起死回生，古籍里不可思议的祝由科 / 238

有人说古代文人黑夜身上有光，那现代文人还有吗？ / 240

古人对于十二生肖的解读，有哪几条很牵强？ / 243

佛经揭开属相天机：十二种动物原是得道的神兽 / 246

圪节：这种高不可测的东西恐怕就是自在地活在五维空间了 / 249

渡劫这么惊天动地的事，古人笔记里是怎么记录的？ / 253

耳朵里长出长毛来千万不要拔，且听听古人是怎么云的？ / 255

赌鬼赌鬼，是赌神迷龙在你脑子里下了蛊吗？ / 257

巨蝎贪吃花椒，如此吊诡的结局，四川人能否给个说法 / 260

天仓节，此日我家东西概不外借！ / 262

领了房产证，房子就是你的吗？醒醒吧，五个大股东里都没你！ / 265

古代中医如何治过敏？现代人体质越来越差了？ / 268

这位神医指使手下调戏采桑少妇，人家丈夫打过来了 / 270

"装"的最高境界及开山鼻祖 / 272

唐代最诡异的易容术——不到一个月，连亲兄弟也认不出赵云了 / 274

人物风评

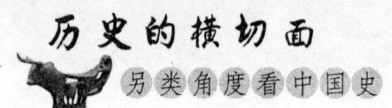

哪个男人帅到把自己帅死了？中国古典十大男神排行榜

　　人长得帅没有什么可以值得骄傲的，因为是父母给的，自己凭空捡的，算不得什么本事。历史长河浩浩荡荡，细皮嫩肉的小帅哥如过江之鲫，奈何我们的篇幅有限，只能选取十位。如果下次时间充裕，再搞一个"中国十亿帅哥排行榜"，再一一考虑，希望当代帅哥不要着急为是。

　　上榜要求是比较严苛的，人长得帅没有什么业绩者不予入榜，当然还有一些走中性路线的，比如董贤、慕容冲之类，脸蛋应该是长得相当不错的，但是够不着帅，够不着阳光，就不说了。武则天在全国范围海选的面首张昌宗"面似莲花"，这种人根本不入流，所以本榜也坚决不予迁就。列位看官，闲言少叙，接下来就请您一起进入中国古典十大男神排行榜。

　　普通的帅不足为奇，要帅还得有一定的男人气概才行。史书里记载的山东武城帅哥崔琰"眉目疏朗，须长四尺"，因为长得英武，颇有阳刚之气。相比之下，曹操觉得自己的颜值太低，让崔琰冒名顶替自己，握着刀站在坐榻旁边，想吓唬吓唬人家匈奴的使者，想不到竟然穿帮演砸了。可见帅不是能用来吃硬饭的本事，故崔琰之类的男神在榜上可以排在第十位。

　　人长得帅了，上了街自然就会有不低的回头率，不管是异性还是同性都会忍不住看上那么两眼，这也不值得就搔首弄姿，天生一副好皮囊的人

人物风评

也多得是。梁朝浙江会稽帅哥韩子高，"容貌艳丽，纤妍洁白，如美妇人。螓首膏发，自然娥眉，见者靡不啧啧。"韩大帅哥身材修长，善于骑射，形体俊美，肌肤诱人，这样的健美男人实在是帅得不可多得，多少纯情少女"啧！啧！啧"，甚至包括陈朝公主，都疯狂暗恋子高。后来，这位可怜的公主因为日夜思念竟然咳血身亡。由此来看，帅本身竟是一种罪过，你不杀伯仁，伯仁却因你而死。韩子高如果知道陈朝公主为其相思而死，会不会有那么点内疚，愿意长得平庸一点呢？韩子高这类达到帅死别人级别的帅哥可以名列男神榜第九。

人要是长得再帅一点，恐怕就有麻烦，粉丝可能就不仅仅是"止于欣赏"了。陈朝公主想死自己太不划算，女人再含蓄毕竟也有按捺不住挺身而出的时候。晋代河南南阳的大帅哥韩寿，晋书说他"美姿貌，善容止"。有一次他到上司贾充府上公干，无意中被贾府的小女儿贾午从帘子后面偷窥了一眼。这一窥，贾午立即被韩寿的帅气折服，简直惊为天人，百爪挠心，忍无可忍，她让奴婢想方设法弄到韩寿的联系方式，并通知他半夜翻墙入内幽会。

艺高色胆大，贾府的高墙愣是没有挡住帅哥一往无前的脚步，韩寿想必是练过几天高来高去的轻功提纵术。贾午见了韩寿心花怒放，当场自荐枕席。贾午还赠送给韩寿一种西域奇香。贾充知道小女儿红杏出墙，韩寿这小子公干变成了私干，但生米煮成熟饭，只好"以女妻寿"。历史上将"韩寿偷香"与"相如窃玉、张敞画眉、沈约瘦腰"一起作为风流四事。韩寿其实没有太大本事，因为名气比较大，暂列在韩子高的前面，占据了排行榜的第八。

帅哥还得有过硬的本事，文也好，武也罢，得有那么几下子。三国时的内蒙古大帅哥吕布就占了两条，不仅相貌英俊而且武艺高强。他一出场，那就是"器宇轩昂，威风凛凛，手执方天画戟，怒目而视"，酷到家了。当时人称"人中吕布，马中赤兔"。连公认的闭月羞花沉鱼落雁的四大美女之一的貂蝉也对他一见倾心，在温柔乡里差点把当卧底的事给忘了。吕布帅是帅，可惜有勇无谋，死得有点不知所谓。

尽管如此，史书上说他是内蒙古的豪杰，陕西人说他是绥德的汉子，山西人说他是定襄的猛男，三家各有证据，争执不休。有人看不起吕布，让他说原因，也能唾液飞溅说个一二三四五，我只说一点：如果您死了，也有那么几个省，不！几个市，少到底，几个县来争一争您的遗骨，哪怕都把您当成本乡或者本村的荣誉，给您修个墓就有人愿意花钱来旅游，让村里的小学挣点烤火费，您都有资格看不起吕布。所以，给吕布占个第七还是有说服力的。

长得帅能打仗，还能得到士兵的爱戴，这种帅哥又要比吕布高一个级别了。北齐兰陵王高长恭也是给后世留下无限遐想的男神。传说这位爷打仗的时候总要戴着面具，正是因为长相太过漂亮的缘故。史书上说他貌柔心壮，白得像个美妇人。那以本来的面目去征战沙场，自是怕别人瞧不起他，所以戴上个面目狰狞的面具，就能起到威慑敌胆的目的。

可惜的是，历史上并没有他的画像流传下来，这倒也给了我们更多想象的空间。兰陵王面似美玉、勇冠三军、爱兵如子、私生活严谨，简直近乎完美。根据我国学者考证，《兰陵王入阵曲》是我国史籍记载最早的戏剧，中国古代的戏剧开始也是戴着面具演出的，但是后来到宋朝时人们觉得面具既呆板又缺乏表现力，就开始直接把面具画在脸上了，这就成了我国的国粹——京剧脸谱的鼻祖。由此，昂藏男儿兰陵王在男神排行榜上可以高居第六位。

长得帅且不说，气质也还不错，回头率高，而且有相当数量的粉丝，这算帅到了一定的范儿上，但是也不必扬扬自得。有粉丝的帅哥从来都不缺，连会唱几首歪歌的不怎么帅的哥也有粉丝眼巴巴地望穿秋水呢。安徽庐江帅哥周瑜远非一般帅哥可比，有史为证。《三国志》说"瑜长壮有姿貌"，苏轼赞他"雄姿英发，羽扇纶巾"。这是男人眼里的周瑜。其实周大帅哥不仅生得英俊潇洒，还足智多谋，更是一位不可多得的音乐家。"曲有误，周郎顾"，周帅哥还有自己的成名作《长河吟》。人帅到这份儿上，又这么解风情（女人最怕男人不懂情调），没有粉丝是不可能的；但是能接触到周帅哥的女人毕竟太有限了，所以一旦有机会，女粉丝就会想尽办法来吸引周帅哥的注意，其情可悯。李端有诗云："鸣筝金粟柱，素手玉房前。欲得周郎顾，时时误拂弦。"可是你看两眼甚至是十眼八眼二十眼，又能怎么样呢？

这样的帅哥眼界太高远，江东第一美女小乔和他才算才子遇佳人，美女配英雄。至于在《三国演义》里，周瑜被写成了一个心胸狭隘的人，以此来衬托诸葛亮的伟岸高大，这是文人们常用的笔法，其实人家周男神才是赤壁之战的真正主帅。流行话不是说，心有多大舞台就有多大吗？一个鼠腹鸡肠的人如何能做出那么大的事业？要真那样，不仅是您看不起他，大乔也可能看不起他，所以，周瑜占据第五位该没有什么异议。

帅只是外表，不帅的人才往往需要用衣服来补分，三分长相七分打扮，这句话其实只是对于普通帅哥而言的，真正的大帅哥表里如一，即使素面朝天，穿上粗制滥造假冒伪劣的衣服也一样光彩照人。山西闻喜大帅哥裴楷不仅人长得帅，还能当好皇帝的高级助理。此人即使穿着粗劣的衣服，

历史的横切面
另类角度看中国史

披头散发，回头率还是相当高的，因此当时的人给他起个外号叫"玉人"，"如玉山上行，光映照人"。

这就帅得非同凡响了。不过因为官位太高，一般人不敢高攀，裴楷要是个一般的七品的处级干部，也许能享受到比韩寿更高的待遇，至于能偷到什么，还会演绎出什么风流的情事就只有天知道了。裴楷这样的奇伟丈夫在于气度非凡，秀外慧中，还能当好人民公仆，造福苍生。这种盛世帅哥多多益善，所以他的名次有点拔高，且让他占据男神榜第四位。

长得帅，有气质，还有绝活，比如会写一手好赋，比如会弹一手好琴，那就帅到了一定的境界，现在叫作复合型人才，当然炙手可热。帅到这份儿上，四川南充帅哥司马相如就当仁不让了。赋写得好有皇帝为证，划拉上一篇给皇帝看看，不仅能赚钱，还能弄个官儿当当。在一个富豪家里随手弹了弹"绿绮"，信口唱了一支歌："凤兮凤兮归故乡，游遨四海求其凰，有一艳女在此堂，室迩人遐毒我肠，何由交接为鸳鸯。"这首很直白的带着严重的挑逗性质的小艳曲儿还没唱完，就把人家才貌双全的女儿卓文君迷得神魂颠倒了。于是，两人趁着月黑风高连夜私奔，去追求自由而贫穷的新生活。富豪卓王孙为此很是抓狂，别人就劝他，说司马相如"虽贫，其人材足依也"。那就是说，毕竟人有才，而且还是长得很帅的嘛。卓王孙冲着这一点，也只好认下了这个帅得一塌糊涂的女婿。这就是风流四事里的"相如窃玉"。

不过，《史记》里说相如虽帅，却有点口吃，好在当时在卓王孙家里是唱的，不影响他的表达，想来卓文君听他说情话的时候一定很替他的口吃着急（从"我"说到"爱"再说到"你"大概需要一袋烟的工夫），但瑕不掩瑜，帅比口吃重要多了。司马相如进入前三甲，做个探花郎倒也名副其实。

还有没有比司马相如文采高，音乐水平也高的帅哥呢？有，嵇康！来自安徽宿县的大帅哥，"竹林七贤"的领袖人物。嵇康精通文学、玄学和音乐，《广陵散》的典故人尽皆知，不必赘言。别人形容嵇帅哥"风姿特秀，见者叹曰：'萧萧肃肃，爽朗清举。'或云：'肃肃如松下风，高而徐引'"。《晋书》对他也极尽赞美之词："康早孤，有奇才，远迈不群。身长七尺八寸，美词气，有风仪，而土木形骸，不自藻饰，人以为龙章凤姿，天质自然。"

嵇康还有比司马相如高的地方是他说话的声音特别悦耳，所以三千名太学学生全成了他的粉丝，这点司马相如只能自叹不如，他能把话说清楚就不错了。最有说服力的故事是，嵇康去森林里采药，竟被樵夫误以为仙人下凡，其风姿可窥一斑。嵇康的实力不仅在才色，还在于他作为男人有非凡的骨气，有舍生取义的大丈夫气概，这样的男人几百年难遇一个，做男神榜榜眼可以弘扬正气，光大男儿本色。

嵇康长得帅，但还是有人看不惯他，帅还是不能当作一种外交手段让人口服心服，所以嵇康并没有因为帅就逃过别人的屠刀。人要长得足够帅，不能仅为部分人欣赏，还得人见人爱，这份帅就进入了炉火纯青的地步。河南荥阳帅哥潘安，小名檀奴，他的美貌似乎还要高于人见人爱。千百年来，男人才貌双全的最高赞赏就是"才过宋玉，貌赛潘安"。

其实潘安的文采也是不遑多让的。潘安潇洒风流，简直可以算是中国古代美男子的标准。潘安曾是洛阳一景，每次出去游玩的时候，妇女们碰见他真是看起来没个够，还担心他害羞跑掉，就手拉手把他围起来痴痴地看，看得"眼花缭乱"。凑不到他跟前的就大喊："潘安潘安我爱你！"还远远给他扔水果。所以潘帅哥每次回家的时候，他的车子都能够满载而归，这就是传说中的"掷果盈车"。如果仅以帅而论，至此，似乎已经帅到极致了，如果当时有个网上的点击率之类的排行或者短信平台，相信潘安也是众望所归。让潘安来坐第一男神的金交椅似乎是水到渠成的事了。

但是且慢，中国空前绝后的超级帅哥还在潘安之上，因为尽管围观潘安的粉丝很多，但也有看够的时候，人家一解散，他还能轻松回家去吃水果，而中国超级帅哥、来自山西夏县的卫玠就没有那么好的运气了。这位丰神秀异的大帅哥平时都猫在家里不敢出来，因为他一出街就造成堵车（交警担心过劳死向他索要补贴？）。卫玠只好坐而论道，就这样练就了能把死人说活的好口才，居然成为当时最了不起的"清谈"一流高手。在老家待不下去，卫玠跟着母亲举家南迁，但是想不到走到哪里也逃不出粉丝们雪亮的眼睛，不抛弃不放弃，围追堵截没商量，他的身体本来就弱，根本就禁不起女粉丝们的目光如炬。他虽然觉得蜗居在家里比较安全，但是"清谈"毕竟不能当饭吃，卫玠还是得去混个一官半职，于是来到了当时的都城建业。

令他始料不及的是，他的帅名早已远扬大江南北，建业的女人们更前卫、更热辣，她们听说卫大帅哥大驾光临，当然不能放过先睹为快的机会，于是人越聚越多，如波涛汹涌，"观者如堵墙"（有没有动手动脚的很难说）。可怜的帅哥在女人堆里左冲右突，却不能全身而退，本来就体弱的他竟然就此累出了足以要命的病，不久就撒手人寰驾鹤西游了。这就是历史上超级帅哥的美丽传奇和遭遇，天妒"帅"才，史称"看杀卫玠"。

一个人帅到这种被人看死的地步，的确无以复加，还不能说谁对谁错，长得帅没错，女人爱其帅更没错，君子无罪，怀璧其罪？这场"帅"的悲剧真是让人高山仰止又叹为观止。所以，卫玠的帅是帅死自己的帅，达

人物风评

到了帅的最高级，前不见古人，后不见来者，这样的男神几千年来恐怕也就这么独一位了。一家之言，仅供娱乐！

✻ 参考书籍

《史记》《三国志》《旧唐史》《晋书》《汉书》《北齐书》《陈书》《梁书》

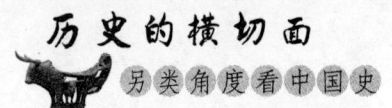

曾经推动晋国战车纵横天下，揭秘被历史风沙掩埋的冀家军

裂土赐姓，家半三军的公侯干城，原来是他家

春秋时期，晋文公重耳在外面流浪了十九年，复国执政时六十一岁。漂泊行走确实可以使一个人洞见世事，老而弥坚。他知道他的时间已经不多了，事实上也只有九年，但就在这么短的时间内，他的事业达到了别的诸侯难以想象的轰轰烈烈的高度。伐曹攻卫、败楚救宋、服郑威秦，一时四方闻之色变。公元前632年，晋文公大会天下诸侯，在践土会盟，威赫赫成为第二位春秋霸主。

其实晋文公能够迅速崛起，是因为他的老爹晋献公就很会经营也很能打，已经给他扩出了不小的版图。他的老爹虽然是个"耙耳朵"，百般宠爱"红颜祸水"骊姬，倒也没耽误正事。就是他，假虞伐虢，玩儿出了一石两鸟的花招；终其一朝，还攻灭骊戎、耿、霍、魏等国，击败狄戎，史称其"并国十七，服国三十八"。

诸侯纷争，翻云覆雨，动辄刀兵四起，血流成河。

晋文公能够开创长达百年的霸业，仅凭自己努力当个好领导还远远不够，内需运筹帷幄之良臣，外需攻城拔寨之猛将，总之人才永远是第一需要。而晋国原本只是蕞尔小国，只有"河汾之东，方百里"，在扩张称霸的过程中，有一家人可以称为晋国柱石，却几乎被淡忘。

这家人内战外行，但是外战相当内行，文武兼备，攻守全能，几乎是兵戈所向，无坚不摧。

就单说一件事，这家人在最兴盛的时期，敢以一个家族的力量向春秋时期的另一位霸主齐国挑战。这硬嘎嘎呈现的不仅是实力，更有慷慨赴死的血性和悲壮。

这个帮助晋国纵横天下的大家族究竟是谁家？说起来这可是一个古朴厚重的姓氏，冀家！

需要注明的是，这家人祖为姬姓，后来食邑封于沁水下游，即今天的安泽冀氏镇一带（此地现有冀芮、冀缺墓，冀氏家族首届祭祖大会也在这里举行），按古人的规矩，"天子建德，因生以赐姓胙之土而命之氏"，即裂土封侯，称之为冀姓郤（xì）氏，更有褒扬尊重之意。

《国语·叔向贺贫》中有记载："夫八郤，五大夫三卿，其富半公室，其家半三军。"嚯！家半三军，那是什么样的威仪！今天，笔者就和大家一起，拂开历史的尘沙，追慕晋国先贤们的无上荣光！

与妻子"相敬如宾"的冀缺，原来是深藏不露的国之栋梁

说到冀缺，不能不提他的父亲冀芮；说到冀芮，又必须谈到他的父亲叔虎，此人有勇有谋，正是他建议晋献公讨伐翟人，也是他披着鸟羽，呼啸冲锋，奋勇当先，一举破城。事后晋献公为彰其功德，把晋国东北部百里之外的冀邑封给他。

一直有人把今天的山西河津东北一带称为冀邑。个人认为，那是古冀国，在公元前658年之前，古冀国就被晋献公和虞国联手给灭了。"国"与"邑"区别还是很明显的。叔虎为子爵，被封于沁水下游的冀氏，这个"氏"字也很说明问题。草根贱民有姓无氏，《白虎通义·姓名》云："所以有氏者何？所以贵功德、贱役力。"胙土命氏，由此告别晋宗姬姓，叔虎始建郤氏家族。

老子英雄儿好汉，叔虎的二儿子冀芮后来接了爹的班，成为晋国大夫。此人多谋，是公子夷吾的智囊。没有他的审时度势，不太靠谱的公子夷吾不可能领先重耳一步，摇身一变成为晋惠公。后来，晋惠公薨了，又是他拥立太子圉即位，是为晋怀公。

再后来，到公元前636年，流浪的老年重耳成功逆袭上位成为晋文公。冀芮先是倒戈迎他，后来又怕他秋后算账，于是与人密谋放把大火烧这个老汉，结果寝宫烧了，晋文公没被烧着，冀芮逃亡，后被秦穆公诱杀。

冀芮的封地自然也被削掉了。本是豪门公子的冀缺，只好回去种地当农民。

叔虎的嫡系儿子冀芮虽然倒了，但冀姓郤氏的大旗却没倒，他庶出的两个儿子郤縠和郤溱一直走的是晋文公的路线，屡屡为其内应，是否像三国时诸葛兄弟各事其主，以为三窟之计不得而知。总之，当晋文公变两军为三军开始大肆扩充军备的时候，郤縠是他最为倚重的心腹大将——中军元帅，同时郤溱为中军佐。就这样，晋文公把他的全部军队交给这哥俩指挥。

郤縠治军相当有手段，可惜的是，当中军元帅第二年即公元前632年春季，晋军攻曹救宋，他不幸战死，没赶上后来去城濮参加与楚国的风云大战，但郤溱还是作为先轸的得力副将驰骋沙场，为此一战而霸的晋文公立下赫赫战功。

再说当了农民的冀缺，因为一个路人看见了他和妻子的一番举动而面临着新的机遇。

据《左传》记载，晋文公的大臣臼季（胥臣）路过冀，"见冀缺耨（nòu），其妻馌（yè）之。敬，相待如宾。"

这可不是简单的秀恩爱。臼季认为冀缺绝不简单，对妻子这么恭敬的人，德行不会差。于是他请冀缺上车，带他去见晋文公，请他抛弃前嫌，任人唯贤。

他是这样劝文公的：

"敬，德之聚也。能敬必有德，德以治民，君请用之。臣闻之，出门如宾，承事如祭，仁之则也。"

晋文公当时还有点小犹豫："其父有罪，可乎？"

臼季就列举了鲧和禹，还有管仲和桓公的故事，"君取节焉可也。"文公也很大度，直接让冀缺出任下军大夫。

看官可别小看这个"大夫"。呵！他可不负责看病，而是整个下军的第三把手，位仅在下军将和下军佐之下，协助管理军务，大概相当于参谋长。

这就是"相敬如宾"这一句成语的由来，历朝历代多少文人墨客讴歌过。

唐代李兼有诗：

耕夫自立苗且耘，饷妇相敬礼如宾。
遗风后世岂无存，半在东阡烟雨村。

晋文公在位的时间太短，还没等冀缺有所表现，他老人家就尚飨了。

但是晋襄公刚上位,白狄人就趁着丧事来犯,于是冀缺一战成名。

正是在此保家卫国的大战中,冀缺舍生忘死,横戈跃马,斩将搴旗,亲手擒获白狄首领。

平时静若处子,战时动若奔雷。对勇冠三军的冀缺,晋襄公不仅直接封他为卿,命参与国政,还下令把冀邑重新封给他。

此后,冀缺逐渐成为晋国的股肱重臣。晋灵公六年,冀缺任上军主将;九年,兼率上下两军伐蔡,迫使其订城下之盟。

晋成公六年,即公元前601年,冀缺任中军元帅,执掌晋国大政。

冀缺以德治国,事数君,鲜失误,是晋国史上少有的稳健型政治家,其德才兼备,在中华民族的杰出人物当中,也应当有其一席之地。至公元前597年,冀缺终老,后归葬在其封邑——安泽冀氏,谥号为"成",后世人敬称为"郤成子"。

大诗人白居易在《赠内》诗中写道:

生为同室亲,死为同穴尘。

冀缺一农夫,妻敬俨如宾。

"伍员岂是吹箫者,冀缺非同执耒人。"唐末徐夤亦有诗赞之。

晋国霸业确实离不了这样的定海神针,这不,冀缺前脚刚死,没半年,晋国就被楚庄王打败了。

那个敢带着自己家族去挑战霸主齐国的,原来就是冀缺的儿子

晋国从文公开始直到顷公,历十世,百余年间一直说话算数,是威风八面的大盟主。晋国称霸，郤氏家族厥功至伟。

前文说到，冀缺一死，蛰伏了多年的楚国就蠢蠢欲动，开始挑衅，刚上任的中军元帅荀林父还不能服众，晋军并不团结。一场大战在邲展开后，晋军输得很惨，但冀缺的儿子郤克却在危局中崭露头角。

时任上军佐的郤克与上军将士会上下齐心，两人事先在敖山前埋伏了七支伏兵。所以其他晋军接战即溃，只有上军极少损失，全甲而还。

第二年，先氏家族退出晋国政坛，郤克被提升为上军将。

公元前594年，中军元帅荀林父攻灭潞国，自认为部分弥补了邲之战的罪责，宣布退役。郤克又进一步成了中军佐，辅佐士会执政。

当时的齐国是顷公在位，顷公年轻气盛，屡屡用兵，再次做起霸业美梦。晋国暂时不想与之为敌，公元前592年，派遣中军佐郤克出使齐国。

郤克略显驼背，在齐国的朝堂上走路的姿势不怎么好看。这时候齐顷公的母亲萧同叔子在帷幕之后看见郤克的样子，竟然哈哈大笑……

《史记》中记载得更加详细：齐顷公亲自出任导演，编排了一出恶作剧，故意安排一个驼背的侍从引领着本就驼背的郤克登殿，齐国朝堂之上，人人大笑不止。

如此被人耻笑，郤克怒火中烧。在返回途中，过河时他放下一句狠话："必报此仇！请河为证。"

回国的郤克，屡次向晋景公提出讨伐齐国。晋景公认为小不忍则乱大谋，伐齐时机并不成熟，一直不同意。

于是身受奇耻大辱的郤克愤而提出："那就请允许我带着我们郤氏家族的亲兵，与齐国去做个了断！"

虽千万人，吾往矣！敢用自己一家的军队去向一个大国挑战，不仅有实力，更有霸气！可他还是被晋景公坚决摁住了。

晋国刚开始复霸旅程，该忍的气必须忍！这一忍就是四年，直到郤克成为晋国的执政大夫兼中军元帅。

公元前589年，晋景公终于决定讨伐齐国。于是郤克披挂出征，六卿将佐一半出战。晋国此番拿出了一半家当，郤克要一雪前耻。

这就是著名的"鞌之战"，这个"鞌"（ān），在今天的济南长清一带。战争初期打得非常激烈胶着，双方势均力敌。郤克在冲杀当中被流矢射中，血染征袍，战车为赤，但郤克满怀仇恨，奋不顾身。晋军将士一看主帅如此刚烈，个个奋勇争先，杀声震天。

齐兵顶不住了，顷公发现大势已去，率先拔腿开溜，齐军大败。晋军司马韩厥紧紧咬住齐顷公的帅车不放，想活捉他。齐顷公不得不跟自己的"司机"换装"金蝉脱壳"，才狼狈逃回临淄。

晋军乘胜追击，齐顷公只能觍着脸向郤克求和。

"鞌之战"是晋国在争霸事业中的辉煌手笔。此后二十年间，齐国都没有跟晋国叫过板。

公元前588年，晋景公在鞌之战后兴奋异常，扩三军六卿为六军十二卿，郤克仍然是六军的最高统帅——中军将。就在这一年，郤克又带兵剿灭戎狄部落啬咎如，进一步稳固了晋国的后方。

公元前587年，对外尖刻、对内温和的郤克病逝。他博闻多能、惠而内德、智能翼君，其文治武功为晋国的复霸奠定了坚实基础，故谥之曰"献"，后人敬称为"郤献子"。

君子之泽三世而斩？原来冀家也逃不脱潜规则

郤克虽然死了，但是郤家经过多年经营，此时已经树大根深。

郤克早在刚刚出道时，就有意带着儿子郤锜上战场去锻炼他的胆识。在那场晋国被楚国打懵的邲之战中，将门虎子郤锜的表现可圈可点。

郤克之后，郤锜继任为郤氏大宗的宗主。郤锜先安排堂弟郤至为新军佐。数年之后，郤锜、郤至又联手将叔父郤犨（chōu）拉入八卿之列。郤家子弟，八卿占有其三，此时郤家的势力真正达到了"其富半公室，其家半三军"的程度。"三郤"在晋国炙手可热，比当年的赵家犹有过之。而此时的正卿栾书心生嫌隙，认为郤家严重威胁到了自己。

"三郤"并不知道栾书心里的微妙变化，在对外的大战中表现仍然很抢眼，先说晋秦之间的麻隧大战。

公元前578年，晋秦争霸，晋厉公亲征，来到秦地麻隧，即今天的陕西泾阳县北。

晋军猛将如云：中军将栾书，中军佐荀庚；上军将士燮，上军佐郤锜；下军将韩厥，下军佐荀䓨（yīng）；新军将赵旃（zhān），新军佐郤至。

郤家全数出动，郤至的哥哥郤毅也是一员虎将，亲自为晋厉公驾驭战车。另外，齐宋等八国联军都来助战。

五月四日，双方在麻隧展开激战，秦军大败，晋及诸侯联军渡过泾河追击到今天的陕西省礼泉县境，才高唱凯歌而还。

再说晋楚之间的鄢陵大战。

此战发生在公元前575年，正是郤氏家族实力最鼎盛的时期。这是晋楚之间爆发的第三次争霸战，地点在今天的河南鄢陵县。

晋厉公与楚共王都亲自统兵，直接对阵。

历史的横切面
另类角度看中国史

此时，郤至提出自己的闪攻战略，不等诸侯联军集齐便速战楚军。厉公用其谋，两军对垒，晋兵势盛，射瞎楚共王，楚军大溃。这次主力大会战之后，楚国走向颓势，晋国再次扬威，借此重整霸业宏图。

郤锜治军不含糊，遗憾的是没有继承到祖父与父亲的雍和大度，他为人强横，尤其鄢陵之战又是盖世奇功一件，他想低调都难。但他有一点做得非常到位，就是郤家非常团结，同呼吸共命运，从没什么摩擦。这样抱团如一人的"三郤"，更成为栾书心里的一根刺。

公元前574年，中军佐士燮死去，郤锜升任中军佐，此时，他离栾书的中军将宝座只有一步之遥。

栾书坐立不安，必须给"三郤"挖坑了。于是他给晋厉公打小报告，说郤至通敌于楚，又说"三郤"想废掉他而拥立公子周。

功高震主，晋厉公早对"三郤"很有意见了，郤锜的专横不说，连一向温文尔雅的郤至竟然也不把他放在眼里。这中间有个过节，鄢陵之战后，晋厉公出猎，他很宠幸的寺人（就是太监）孟张抢了郤至射杀的野猪，这本是要献给晋厉公的，郤至眼里哪能揉这沙子，欺我太甚？于是干脆一箭把孟张给射死了！

打狗还得看主人不？晋厉公当然很不爽，这"一箭之仇"很难说不是晋厉公想屠杀郤氏的引子。

正好此时，栾书给想瞌睡的晋厉公送来枕头。显然栾书也是对郤氏忍无可忍了，那何不将计就计？

更可悲的是，一场惊天变故已经酝酿完毕，整个郤氏家族都面临生死存亡，"三郤"却完全懵懂不知。

晋厉公突然任命胥童等亲信提甲兵八百，进攻郤家。"三郤"马上会

人物风评

聚商议。以郤氏家族的实力，如果誓死抗争，必将掀起一场腥风血雨！但此时，"有才辩，为使有礼，谋事有智，临戎有文"的郤至却提出："国君之意不可违背，君要臣死，臣不得不死。"

郤氏子弟决定不作任何抵抗，死也要死得有气节。《国语》记载："三郤皆自杀。"胥童等人毫不客气，掩杀郤氏，时间截止为公元前574年。一个百年望族就这样轰然倒塌。第二天，晋厉公将"三郤"陈尸朝堂，其状之惨，令人唏嘘。

一群血性昂扬的汉子，伏剑而死，内战确实不是他们的强项。

流在朝堂上的血迹会慢慢模糊，但晋国不该忘却的是，他们称霸的这一百来年，正是在郤家五代人的扶持下一路走来。这些汉子在晋国称霸的多少次战争中出生入死，从来都是铁骨铮铮，所向披靡——征讨翟人、救曹攻宋、平狄伐蔡、城濮之战、䗖之战、麻隧之战、鄢陵之战……齐、秦、楚一个个强国匍匐在他们的猎猎战旗之下……

郤家被灭门之后，晋国的霸业也走近了尾声。

※ **参考书籍**

《史记》《国语》《左传》《安泽县志》《岳阳县志》《河津县志》

崔武子引狼入室，齐庄公贪色亡身

　　放假，有时间看书了，又把《史记》拣起来，很快在齐国的历史上发现了一个非常有意思的故事蓝本。这个故事当年竟然没有被改写进《三言二拍》和《拍案惊奇》，实在是一份遗憾。本人当然没有冯梦龙与凌濛初的笔力，但这个故事实在好玩，太史公原文写得也很有趣，所以有点手痒，于是就模仿章回小说体，试着给大家讲讲这个故事。

　　好，言归正传，故事的标题应该是"崔武子引狼入室，齐庄公贪色亡身"。

　　话说色字头上一把刀，古人在造字时用心设置了一个警告，但是我们往往又忽略了一个词叫"色胆包天"，是说人一旦为色所迷，引入彀中，则穿窬越户，一切道德规制全然不顾，甚至自我安慰"人在花下死，做鬼也风流"。所以千百年来，古今中外，多少痴男怨女为一个"色"字前仆后继。

　　事情先要从齐庄公得位说起。当初，齐灵公生了公子光之后，当即就封了太子。后来他又宠幸戎姬仲姬，等生下公子牙，灵公在接班人的大事上犯了糊涂，看公子牙更可爱，也禁不住戎姬天天吹枕头风，就废了公子光，立了公子牙。

　　公元前553年，灵公病重。大夫崔杼把持了朝政，他和权臣庆封在第一时间把公子光从即墨迎接回来，正式立为齐庄公。当时齐灵公还没死，消息传来，知道祸起萧墙，势必同室操戈，于是吐血而亡。

对于公子光来说，这可真是天上掉馅饼，自己摇身一变成了齐庄公。他当然清楚自己的位置是怎么来的，在杀了公子牙母子后，对于崔杼和庆封的封赏，他表示：只要你们不摘我的王冠，其他一切权力本王都不在意，你们随便。

崔杼崔武子，本是个"硬"人，灵公时，曾统率齐军攻伐郑、秦、鲁、莒等国，不仅打出了齐国的威风，也打出了崔杼的威名，如今，更有了拥戴之功，朝堂之上，崔杼自然不可一世。

按说，齐庄公和崔杼本来应该是一伙的，是一个利益共同体，但是因为一个女人的出现，原本的君臣和谐演变出了刀光剑影。

这是一个美到不可方物的女人，她本名为东郭姜，因为曾经嫁给过棠邑大夫棠公，于是跟夫姓也叫棠姜。迂腐的儒子们不检点自己没有定力，总是认为女人是祸水，美女简直就是洪水。要论棠姜的美色，她就是等级最高的洪水之类。嫁给棠公没多久，棠公就死了，有人说是被棠姜克死的，她似乎也没话说。

齐国为棠公举行了隆重的葬礼，崔杼出席。正是在这个葬礼上，刚好死了夫人的崔杼第一次见到了一身素服的棠姜，梨花一枝春带雨，崔杼被迷得神魂颠倒。

回到家，他立即把家臣东郭偃找来，说自己要娶他的姐姐棠姜，让他全力促成此事。

东郭偃并不赞成，他说他们姐弟是齐桓公的后裔，而崔杼是齐丁公的后裔，说起来是同宗同族，不能通婚。但此时已经色迷心窍茶饭不思的崔杼哪里还管这些，执意迎娶了棠姜。

崔杼娶了大齐第一美女的事儿传到了齐庄公的耳朵里，爱美之心，人皆有之，齐庄公自然也很好奇。

是崔杼带着棠姜去炫耀，还是齐庄公专门到崔府去打探？不得而知。问题是，齐庄公第一次见到棠姜就在最短的时间里被她的美貌所俘虏，一向好色的他被迷得完全失去了自我。

至于齐庄公是如何诱惑棠姜并得了手，《史记》和《左传》里都没有准确记载，一个"通"字全概括了，让后人去发挥无限的想象。棠姜为什么会从了齐庄公？也无从知晓。总之，齐庄公经常安排崔杼到外地去公干，然后他去崔杼家里私会棠姜，这在齐国已经成了一个公开的秘密。

通奸的事好比偷了一个锣，是敲不得的，但是齐庄公有点得意忘形了。他忘了屁股底下的宝座是崔杼给的，现在竟然偷了他的老婆，给自己的恩公赐了一顶绿帽子，对于崔杼来说，这当然是极大的侮辱。

坊间的传言不可能传不到崔杼的耳朵里，回家之后，他与棠姜对质，棠姜也无可辩驳，认了。

崔杼杀机顿起，开始秘密地布置一个计划，然后等待着时机。

时间来到公元前548年，即齐庄公在位的第五个年头，来自莒的黎比公到临淄朝齐，齐庄公大喜，特地在北郭设宴款待黎比公。

在北郭设宴是齐庄公打的一个小算盘，这里紧挨着崔氏府第，他有心再找个机会，会一会朝思暮想的棠姜。他哪里知道，此时的崔杼正在布置一个惊天的局，而他齐庄公是这个局中的一颗死子。

设国宴款待黎比公，身为国家重臣的崔杼却称病不能参加。

齐庄公听说崔杼病了，心里暗喜，命人传报，席散之后，他要来探视。

崔杼冷笑："他是要来探视我吗？不过是打着这个幌子，来找机会干那种无耻的勾当吧！"

崔杼拔剑对棠姜说："今天机会来了，我准备除掉这个无道昏君。你如果听我的安排，我以后再不提你们的丑事，还会立你的儿子为我的正嗣，如果不听我的话，我只能先把你们母子都杀掉！"

在崔杼的剑前，棠姜战战兢兢地说："我不过一个女人，你的话，我哪敢不依？"

崔杼乃使棠无咎伏甲士百人于内室之左右，使崔成、崔疆埋伏于门内，使东郭偃等伏甲于门外。分拨已定，约以鸣钟为号，群起而击杀齐庄公。

且说齐庄公草草结束了宴会，急忙趋驾来到崔府问疾。门人汇报说："崔相此番病得很重，刚服了药睡下。"

齐庄公忙问："卧于何处？"对曰："卧于外寝。"

齐庄公没想到天从人愿，让随从都守在外面，自己竟入内室去会棠姜。

刚进内室，忽见棠姜迎面而来，盛妆华服，丰姿绰约。齐庄公喜不自禁，但还没来得及说一句体己话儿，有侍婢来告："相国口燥，欲索蜜汤。"

棠姜转身即走，临行回眸一笑："妾取蜜送了就来！"

齐庄公眼睁睁地看着棠姜同侍婢缓缓而去，只好倚栏待之。

左等不至，右等亦不至，难得齐庄公先生还有好心情，于是"拥柱而歌"，意思是还抱着柱子唱了一首歌，歌词如下：

室之幽兮，美所游兮，
室之邃兮，美所会兮，
不见美兮，忧心胡底兮！

歌还没唱完，齐庄公忽然听到刀戟之声。知道情况有异，他大声叫喊："卫兵何在？！"可是眼见四面蜂拥而来的都不是他的人！齐庄公急忙往后跑，但后门已经被关闭。齐庄公破门冲到一座楼台之上，钟声响起，棠无咎等人引甲士将他团团围定。

齐庄公对楼下的人喊："我是你们的国君，你们想要造反吗？马上放我走！"

棠无咎回答："我们只听相国的命令来抓淫贼，不听别人的号令！"

齐庄公表示愿意和解，又表示可以发誓，但根本无济于事。

齐庄公又想到一条缓兵之计，说他可以到宗庙里自杀以谢罪，但崔杼怎么可能上他的当！

齐庄公不得已，只好拼死突围，他从窗台跃出，登上花台，准备越墙而走。可当他刚爬到墙上，一箭飞来，正中其左股，齐庄公从墙上跌下，甲士一拥而上，齐庄公于是死于非命。

在崔杼的主持下，齐庄公的弟弟杵臼被立为齐君，这就是齐景公，崔杼自己为右相。

两年后，崔杼的儿子崔成等争权，发生内讧，左相庆封乘机攻灭崔氏，强逼棠姜自杀。崔杼眼看着宗族被灭，家破人亡，不得已也自杀而死。

齐庄公之死，遗羞于后世。

故事本来到这儿就完了，但在太史公司马迁的记载里还有一个小插曲，很有意思。

齐庄公死时，齐国的贤大夫晏婴当时就来到了现场，他立于崔杼门外，说："君为社稷死则死之，为社稷亡则亡之。若为己死己亡，非其私暱，谁敢任之！"

译为：如果君王为社稷而死，可以和君王同死；如果君王是为了社稷而流亡，也可以跟他去流亡。但如果君王是为了自己的私欲而死而流亡，不是他的近臣，谁该去承担这份责任？

"门开而入，枕公尸而哭，三踊而出。"

晏婴的话可说是为齐庄公之死定了性，死得太不光彩，他哭一哭，尽一个臣子的本分也就行了。

参考书籍

《史记》《左传》

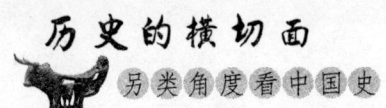

照亮曹魏史册的十大山西名将，个个故事精彩

一提到三国时代的山西名将，大家首先想到的一定是五虎上将之首的关羽关云长，民间不仅尊其为"关公"，还奉其为武财神，明代奉其为关圣帝君，清代奉其为关圣大帝，在佛教尊其为护教伽蓝菩萨，儒教尊其为武圣。纵观中国历史，到目前为止，还没有哪位武将的身后地位可以与关老爷相提并论！

后汉末年，群雄并起，名将辈出，而山西历来就是个出将的地方，必然将星璀璨。于是有心查了查，结果一查吓一跳！仅曹魏一方，山西籍名将就达十人之多，而且哪一个分量都不轻，"擎天白玉柱，架海紫金梁"，个个都是响当当的好汉。

喜欢看三国的人都知道，当年曹操手下猛将如云，其中翘楚为五子良将。呵！其中五分之二是山西人。

第一位：征东将军晋阳侯张辽张文远。

张辽，雁门马邑（今朔州市）人，五子良将之首，随曹操四处征讨，智勇双全，战功赫赫，连一向很傲气的关老爷也对他青眼有加。

不说白狼山之战，他斩杀乌桓单于蹋顿；也不说勇登天柱山，他击灭陈兰、梅成。张辽威震三国的巅峰之作是合肥之战，他以七千之众大破吴军十万，一直冲杀到对方帅旗下，差点把吴主孙权当场拿下。由此诞生了一个流传千古的典故"张辽止啼"——江东小儿夜啼，闻父母言张辽之名而噤声。

张辽为历代所推崇，位列唐朝"武成王庙六十四将"之一，曹操麾下唯此一位享此殊荣，排名尚在蜀前将军汉寿亭侯关羽和吴偏将军南郡太守周瑜之前，就很能说明问题了。

第二位：右将军阳平侯徐晃徐公明。

徐晃，杨县（今临汾市洪洞县）人，五子良将之一，曹魏政权的开国元勋。他参与官渡、赤壁、关中征伐、汉中征伐等重大战役，治军严明，作战勇猛。

徐晃的代表作是樊城之战。在此战中，他率军击退关羽，又追杀其后，连破十重围堑，不仅彻底解除樊城之围，还为后世留下一个成语——长驱直入。徐晃打了胜仗，曹操来到军营视察，其他将领的士兵都跑出来想看看这位传奇人物的真容，唯徐晃的部队岿然不动，因此曹操盛赞他为"吾之周亚夫"。

《三国演义》的作者罗贯中一向对曹营的人不感冒，但对徐晃却鲜有微词。只是他的死被写得窝囊，竟然被无耻的小人孟达给射死了，其实正史记载他是病死的。

第三位：车骑将军阳曲侯郭淮郭伯济。

郭淮，阳曲（今太原市）人。这位魏国名将熟读兵法，数次平定羌人的叛乱，威镇边疆。他的成名作是在与诸葛亮的对阵中，招招料敌在先，连老奸巨猾的司马懿也不得不佩服。

公元234年，诸葛亮五次伐魏，司马懿率军阻击。当时诸葛亮进兵五丈原，司马懿与魏将皆喜，认为对魏军有利。郭淮却认为如果诸葛亮跨过渭水登上北原，就可以连兵北山，断绝陇道，乃是国家安危之大患。司马懿猛醒，急命郭淮等率兵移屯北原。结果这边营寨还没扎好，蜀军已经杀来，攻而未克，两军遂成对峙状态。几天后，蜀军西行，郭淮认为诸葛亮是佯攻西围，实攻阳遂。当晚，蜀军果然猛攻阳遂，幸魏军早有准备，蜀军无奈，只好退兵。

第四位：征东将军菑阳公卫瓘卫伯玉。

卫瓘，河东郡安邑县（今运城市夏县）人，晋朝开国皇帝司马炎称赞他"忠允清识，有文武之才"。

从武的方面说，卫瓘是典型的名将杀手，当年司马昭三路伐蜀时他是监军，先是平定钟会叛乱，钟会和姜维被诛杀，接着居功自傲的邓艾也走上绝路，可以说三国后期的三大名将都死在他的手上。卫瓘从此青云直上，从青州刺史一直到司空，领太子少傅，位极人臣。作为帝师，他与汝南王司马亮共辅朝政，被赐"剑履上殿，入朝不趋"的特权，想当年，只有董卓和曹操才享受过这等待遇。

文的方面，卫瓘是颇有创意的书法家，善隶书章草，兼工各体。唐朝张怀瓘《书断》中评其章草为"神品"。他的儿子卫恒也承继了其书法的香火。他的孙子卫玠，一位清谈家兼玄学家，因为长得太帅，被女粉丝围住看死了，史称"看杀卫玠"。

第五位：建威将军阳里亭侯贾逵贾梁道。

贾逵，河东襄陵（今临汾市襄汾县）人，《唐会要》尊其为魏晋八君子之一。曹操认为贾逵才德兼备，说："假使天下二千石（太守的代称）官员都能像贾逵这样，我还有什么可担忧的呢？"

贾逵历仕曹操、曹丕、曹叡三世，是曹魏政权中的军政全能型人才。在担任豫州刺史期间，他兴修水利，便民利生，凿通运河二百余里，时称

人物风评

"贾侯渠"。曹操逝世后，贾逵拥立世子曹丕袭位。黄初六年参与征吴之战，击破吴将吕范。尤其在石亭之战中，他力挽狂澜，率军救出曹休，否则魏军将全军覆没。

一个很可笑的段子是：曹休被救，倒埋怨贾逵来迟了，还当场训斥，命令贾逵帮他捡拾弃仗。贾逵昂然说："本人是国家的豫州刺史，不是来此为大司马捡拾弃仗的。"于是引军退还。

第六位：车骑将军南乡侯王凌王彦云。

王凌，太原祁（今晋中市祁县）人。王凌孝廉出身，不仅政绩卓越，且能征善战。

王凌参加洞口之战，跟从张辽击败吴将吕范；参加石亭之战，跟从曹休征伐东吴，累建功勋。齐王曹芳继位后，他联合孙礼击败吴将全琮。嘉平元年，他担任太尉之职。

因为不满太傅司马懿专擅朝政，王凌决心起兵讨伐，谋立楚王曹彪为帝。失败后，被押解回京，当路过老乡贾逵庙前时，他大喊："贾梁道！只有你才知道王凌是大魏的忠臣啊！"又说："行将八十，身名俱裂！"于是饮药自尽。

司马懿出手狠毒，不仅夷灭王凌三族，还下令曝尸三日。结果遭了现世报，他频频梦见贾逵和王凌作祟，夜不能寐，同年也一命归西。

第七位：镇东大将军安邑侯毌丘俭毌丘仲恭。

毌丘俭，河东郡闻喜（今运城市闻喜县）人，又是一位文武双全、才识拔干的复合型人才，曹魏后期战功赫赫的名将。他曾经随司马懿攻灭辽东公孙渊，两次远征灭了高句丽王国，还击败过东吴诸葛恪。

毌丘俭一心效忠曹魏，任镇东大将军时，因为不满权臣司马师废黜魏

029

帝曹芳并杀害其好友夏侯玄、李丰，于是兴兵西进讨伐。于项城乐嘉战役中，他不幸战败，中箭身亡。站在曹氏的立场来看，毌丘俭乃鞠躬尽瘁，忠心不二的节臣，确有国士之风。

毌丘俭博闻多才，是魏晋之际的著名诗人，代表作有《承露盘赋》《承露盘铭》《答杜挚》《罪状司马师表》等，合集有《文集》二卷、《纪》三卷等，被收录于《全三国文》。

第八位：骠骑大将军京陵侯王昶王文舒。

王昶，太原郡晋阳县（今太原市）人，出身太原王氏，少有才名。

王昶曾经著兵书十余篇，言奇正之用。后来魏明帝下诏求贤，时任太尉的司马懿推举的正是王昶。王昶德才兼备，很快就受到重用，数年间就升任为征南将军，都督荆州、豫州军事。同样当上征南将军的曹仁，追随曹操征战多年才得到这一职位。

嘉平二年，即公元250年，王昶率军在江陵与吴军激战。王昶埋设伏兵，诱敌出战，东吴大将施绩果然派兵追杀，一时伏兵四起，吴军大败。施绩逃跑，手下大将钟离茂、许旻被杀。

五年之后，山西老乡毌丘俭举兵讨伐司马氏，王昶率兵前往"平叛"。老乡打老乡，也是两眼泪汪汪，毌丘俭兵败身死，王昶因功加官进爵，晋升为骠骑将军。

第九位：镇西将军关内侯郝昭郝伯道。

郝昭，并州太原（今太原市）人，为人雄壮，少年从军，屡立战功。他曾经平定胡人叛乱，镇守河西地区十余年，威名远著。

郝昭的代表作是与诸葛亮的较量。太和二年初，曹真派郝昭和王双驻守陈仓。陈仓小城，仅有军兵一千余人。

次年年初，诸葛亮突然率领大军从散关出击，将陈仓团团围住。

诸葛亮想不战而胜，于是让郝昭的山西老乡靳详劝降，但郝昭已经抱定一死的决心，在城楼上说："我认得先生，弓箭却不认得先生。你回去告诉诸葛，只管来攻城吧！"

于是诸葛亮率数万兵马，开始昼夜攻打，但郝昭守城有方，双方相持数日，竟然无法攻下，此时曹真的援军已到，诸葛亮只好撤军而去。

第十位：征东大将军京陵公王浑王玄冲。

王浑，太原郡晋阳县（今太原市）人，他的父亲前文已经推出，正是曹魏司空、骠骑大将军王昶。王浑克绍箕裘，于是成就一对父子英雄。《唐会要》尊其为魏晋八君子之一，晋主司马炎曾高度赞扬他"平定秣陵，功勋茂著"。

西晋建立后，王浑担任征虏将军，积极筹划伐吴方略。公元279年，王浑与杜预等奉诏伐吴，率军从横江出击，又派部下进攻东吴各城，所向披靡，吴都建业岌岌可危。吴主孙皓派丞相张悌督丹阳太守沈莹、护军孙震和副军师诸葛靓等率兵三万迎战。王浑派安东司马孙畴和扬州刺史周浚进击，吴军大溃，张悌、沈莹和孙震全部战死，斩杀七千八百余人，东吴军民闻风丧胆。

有意思的是，当时还有一个凉州刺史叫王浑，他是山东琅琊王氏，本人不出名，但他的儿子大名鼎鼎，乃是"竹林七贤"之一的名士王戎。

至此，十员山西大将介绍完毕。也许有看官说，山西人才就这十位吗？哪里哪里！另有骠骑将军中都侯孙资孙彦龙，曹魏四朝重臣，平遥县人，虽然当过将军，但没有实际带兵征战，且不说也罢。还有闻喜裴氏的两位名臣，一位裴潜，官至尚书令、光禄大夫，赐爵清阳亭侯；另一位裴徽，

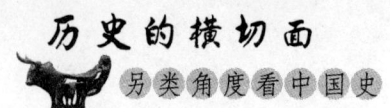

官至冀州刺史，加金紫光禄大夫，赐爵兰陵郡公。其他的大大小小州县官就不一一列举了吧？

几句感言：

"古人从军，舍生忘死，无非图个拜将封侯，才算功成名就。王勃写'冯唐易老，李广难封。'飞将军李广一辈子时运不济，最耿耿于怀的事就是没有封上一个侯。以上所述十位山西名将的官与爵没有一个是轻易得来的，都是在沙场上殊死拼杀的回报。过去人讲：'山左出相，山右出将。'以前还觉得有点底虚，看了三国曹魏的山西将军阵容，此话也该算是实至名归了。"

房玄龄戚继光都是怕老婆的典范，这类男人长相有四个特点

怕老婆这事，说俗了就是"妻管严"，说文了，就是惧内。诸位看官！据古代相书上说，耳朵软的人一般惧内（呵，这是第一要点）。看到这儿，需要赶紧摸摸自己的耳朵了。哈哈！要依我说，其实耳朵软未必靠谱，倒是明初的神算子袁忠彻先生说的那三点更具体：一是眼皮上有痣的人，二是胡须偏左的人，三是两只眼睛大小不一的人，这三类人多数惧怕内室。呵！看到这儿，恐怕又有男士要赶紧扯面镜子来端详一下自己的尊容了。嘿嘿！怕老婆是心知肚明的事儿，何必再去看镜子？

如果耳朵还真有点软，或者真被袁先生给说中了，那您也别不好意思，惧内是传统美德，有什么所谓？古今中外，多少名垂青史的大人物都惧内，何况我们这些芸芸众生，蚂蚁或者稗草一样的生命？切！惧点内还不正常！别的不说，戚继光算是人物吧？这位大英雄抵御外侮，痛击倭寇，给中国人长了脸，争了气，保家卫国那是绝不含糊。戚英雄在大战当中，看着自己的亲儿子临阵退缩，那是心一横眼一闭，当场把儿子一刀两断，别的再说什么都是多余！

这样的大英雄竟然也是惧内的模范。且来看看他的故事，也让咱普通

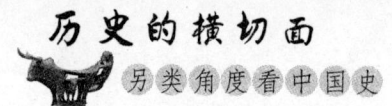

人找点平衡。

儿子在战场上被自己亲手给杀了，总得有继承人啊（那时候又不讲计划生育是基本国策什么的）。后来不知道是谁给戚继光出的主意，他悄悄地来了一个金屋藏娇陈仓暗度，在外面养了几个小妾，还神不知鬼不觉地生下了三个儿子。谁知道世上没有不透风的墙，善妒的戚夫人知道了这事，于是带着刀杀将过来。有人给戚继光出损招，说不如拼了算了！可戚继光哪有那胆量？最后他领着小妾跪接大老婆，自己还光着膀子光着脚，以示请罪。

后来传说戚英雄被部属讽刺挖苦，脸上实在挂不住，于是怒从心头起，恶向胆边生，拿上宝剑冲进内宅。开始之时须发倒竖，好像也冲冠一怒且怒不可遏，谁知道越来越没劲儿，越走越底虚，等来到内宅，到了戚夫人的房前，就几乎吓得大气都不敢出了。这时候戚夫人一挑帘出来了，猛然看到戚英雄手持宝剑，大怒，喝道："你手持宝剑，倒是想干什么！"将军随声跪地，说道："我来给夫人宰鸡吃。"戚夫人不满地说："宰鸡整那么大动静干吗！以后小点声！"戚英雄只能诺诺而退。

唉！一个男人能屈能伸到这份儿上，要不成气候也难。

不少大人物在外面风风光光，说起来，那也是"谈笑间樯橹灰飞烟灭"，那也是"手挥五弦，目送飞鸿"，那也是"叱咤风云，气壮山河"，但是回到家里，却往往被另一物给降住，就是打落了牙也只敢和血吞下去。这种事在历史上不少，甚至连"房谋杜断"的足智多谋的房玄龄老先生都逃不过去。

人们都知道房玄龄的老婆卢夫人善妒成名，为此连皇帝老儿的诏书都不放在眼里。李世民曾经下诏说："你要是不妒就可以活着，要是再妒，

人物风评

那朕就得给你点毒酒尝尝了！"谁也想不到，卢夫人拿起毒酒就一仰脖子给干了，把李世民也弄得心虚得很，"幸亏瓶子里装的是醋，要真是毒酒，这个二货还就真被朕给弄死了。"为此，李世民感慨地说："这婆娘我见了都怕，何况玄龄啊！"

其实皇帝师傅只知其一不知其二，卢氏烈到何种程度，才能让房玄龄这种大智慧的人都得俯首帖耳呢？还有一个小故事，说这个房大人还没有出山的时候，得了一场大病，以为自己要死，也就假惺惺（哪个男人不想让女人只对自己好，只跟自己一个人睡，最好能从一而终？）地对卢氏说："你看，我不行了，我死了以后你还年轻，就不用守寡了。"这卢氏没说啥，走到了帐子的后面，手起刀落，竟然就剜出自己的一只眼睛来，还拿着给房玄龄看，表示自己不会改嫁！

嗬！我的天！碰上这样的女人，谁能不吓得魂飞魄散！可以想见，房玄龄当时病都吓好了。

唐代惧内的事儿尤其多。有一位中书令名王铎，某一日正带兵在前线打仗，忽然有探马来报，说他夫人正在来看他的路上。王首长顿时惊慌失措，对他的幕僚说："黄巢正从南边向我们逼近，现在夫人又从北面来了，我该怎么办啊？"幕僚开玩笑地回答："不如向黄巢投降吧。"

不知道是不是唐代的女人不需要减肥，所以都长得胖大，一般男人都降不住。不唯房玄龄、王铎如此，《御史台记》中记载，唐朝的管国公任瑰也特别害怕自己的妻子，这位能征善战勇冠三军的大将军竟然还有一套自己的说辞："害怕妇人是应该的，理由有三：初娶之时，她端庄得像菩萨一样，哪有人不怕菩萨的？后来生儿育女了，她就像一个生孩子的大虫，哪有人不怕大虫的？等她年老了，满脸皱纹，像鬼一样，哪有人不怕鬼的？"

怕就是怕，再找这些说辞其实也是白白遗人笑柄，他的这段话还真就被收到了笑话书里。不过，说到鬼了，还真有一个跟鬼有关的故事。

《太平广记》载，四川有一高干，家里姬妾成群，但是由于妻子妒忌成性，所以他一直不敢靠近她们。妻子临终前对他说："我死了之后，如果你敢靠近家里的姬妾一步，我马上来取你的小命！"妻子去世之后，这个哥们儿忍不住还是跟一个女婢搭上了线。一天晚上，两人刚要上床共赴巫山行云布雨，忽听见窗外"嘎"一声霹雳，竟然连床的帷帐都裂开了。这哥们儿以为是悍妻的鬼魂显灵，当场被吓死了。

这又是一出死诸葛吓退活司马的戏份。这位悍妻死了都有这份威风，当真是没得顶。由害怕甚至被吓死，这哥们儿堪称是怕老婆的吉尼斯纪录保持者。

怕老婆是一种历史悠久的文明，这种文明还遍及全世界。据考证，古希腊哲学家苏格拉底的太太凶悍泼辣，而苏格拉底一贯保持低调。一天，太太又在家里大发脾气，苏先生只好去外边躲一躲。谁知当他一跨出大门，他的悍妻便把一桶冷水从窗口倒在他的头上，于是他穿着衣服来了一回淋浴。苏格拉底先生对此竟无愠色，只是自言自语地说："我早知道雷声过后必有大雨，嘿嘿，哈哈。"

苏格拉底号称是西方孔夫子，老先生能有如此成就，军功章呀有他的一小半，却有他老婆的一大半。因为当一个男人碰到一个惹不起又躲不起的老婆的时候，他就会经常把什么"退一步天高地阔，让三分心平气和"之类的话挂在嘴边，于是就很容易成为一个哲学家。还有人引申了一步：当你娶回一个悍妇，你就会成长为一个哲学家，而当你娶回家的是一个女哲学家的时候，你很可能就得郁郁而终。单就这一点来说，女人还是越简单越可爱，越哲学越可怕。

哲学家老婆可怕，文学家老婆也可怕。咱不提那位三难新郎的苏小妹，单说有一位举子名杜羔（瞧这名字起的，也不够雄壮），妻子刘氏擅长作诗。杜羔在京城连着几年都没有考中，就收拾东西回家。当他快要到家的时候，刘氏派人给他送来一首小诗：

良人的的有奇才，何事年年被放回。
如今妾面羞君面，君到来时近夜来。

杜羔见到这首诗后羞愧难当，立即转道赶回京城，经过几年的好好学习，最终金榜题名。

时间来到宋代，其中"惧内"之名最著者，则应是与"河东狮吼"有关的陈慥了。"河东狮吼"这一成语，出自苏东坡在常州所作的《寄吴德仁兼简陈季常》诗中的句子：

龙丘居士亦可怜，谈空说有夜不眠。
忽闻河东狮子吼，拄杖落手心茫然。

陈季常谈佛，会客，蓄声伎，彻夜不眠；其妻柳氏大不堪，于是，她便"杖击照壁"，并"大呼"，客人吓得一哄而散，只留下陈季常一人"茫然"而坐。此后，"河东狮吼"便成了悍妒之妇的代称。

到了清代，还有一个文人作了《浪淘沙·咏怕老婆史》词一首：

历史的横切面
另类角度看中国史

闻说陈季常，谈禅名扬。

如何受罚跪池旁？

偷看柳妻哪里去，坐内梳妆。

学士脸无光，笑口开张。

终天哪有这婆娘？

不是人情难得了，闯进佛堂。

潜台词有二：一，便是我不看着，量你陈季常也不敢不老老实实地给我跪着！二，要不是人情难了，陈季常早就削发进佛堂，出家当和尚去也！

宋代怕老婆的还有写《梦溪笔谈》的沈括，他惧内的程度与房玄龄相比，只恐怕是有过之而无不及。据说有一次他的妻子生气，上去一下子就将沈括的胡子薅下了一大把，而且上面还带着血淋淋的肉。

身体发肤受之父母！呜呼！沈括，哀哉！

说了古代说近代。胡适当年担任北大校长时，发表过一番"宏论"。他说："一个国家，怕老婆的故事多，则容易民主，反之则否。德国文学极少怕老婆的故事，故不易民主，中国怕老婆的故事多，故将来必能民主。"他号召男人要像旧社会女子那样，恪守所谓的"三从四德（得）"，即"太太出门要跟从，太太命令要服从，太太说错要盲从；太太化装要等得，太太生日要记得，太太打骂要忍得，太太花钱要舍得"。

五四时期一些文人的婚姻史，可谓五花八门，闹剧纷纭，唯有胡适能从一小脚太太而终，遂被称为民国一大奇观。究其原因，原来胡夫人知道胡适好名、好面子、好为人师，对他那圣人君子形象看得比眼睛还重要，所以，一发现胡先生有异动，胡夫人马上就来蛮的，既泼又赖，经常要拉

人物风评

着胡适的胡子到大街上找街坊邻居们评理，胡先生哪受得了这个？于是只好噤若寒蝉。

尽管有如此高压，男人的本性还是会像大石头底下的种子一样发芽，胡适先生后来还是搞了一段婚外恋，还壮着胆子提出要离婚。胡夫人一听当然勃然大怒，她从厨房中拿出一把寒光闪闪的菜刀，说："离婚可以，我先把两个孩子杀掉！你不要我，那咱俩生的孩子也别要了！"当时就吓得胡先生服了软。后来有一次，家里来了一位客人，胡夫人说起此事，越说越激愤，竟然抓起刀要向胡先生劈面掷将过去，当下吓得宾主皆面如土色。可怜胡适先生的那位情人，据说去了峨眉山遁进了空门。

其实像胡适先生这么"倒霉"，遇上一个凶神恶煞一样老婆的人毕竟还是少数，梁山好汉一百零八位，那杀人如麻能做人肉包子的母夜叉母大虫等人也就三两位。绝大部分人怕老婆不是因为她凶恶，而是因为她难缠。她要是不高兴了，给你絮叨起来，那也是天昏地暗，日月无光，能让人生不如死。出现这样的情况你还不敢不听，要是惹恼了她，给你来了一哭二闹三上吊，那就管保你吃不了兜着走，敬酒不吃吃罚酒了。

上海有位老哥对付絮叨老婆的绝招是：任你舌绽莲花，唾沫四溅，我自稳坐钓鱼台，始终一言不发，只是点头表示同意就行。用他的话说："我下班时候就把嘴放在办公室了。"

我曾经领教过他家那位老嫂子，那张嘴，形象地来说，绝对是一个可以自动开启的水龙头，哪怕有一点轻微的动静也能打开她的谈话欲望，然后就像长江之水势不可当，泥沙俱下滚滚而来。老嫂子曾经带我去买一件外衣，那个小老板不合一句什么话激怒了她，她用了半个下午的时间教育他该怎么做生意，最后小老板头昏脑涨，以低于我想象的惨痛价格把那件

039

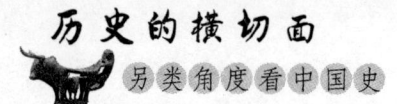

外衣卖给了我，才把我们礼送出门。

仅仅这一个下午，我就彻底理解了上海老哥。当一个人"哇哇"地像蝉一样，在你的耳朵边上聒噪几个小时的时候，你如果没有死的心，那至少也会认为自己的这双招风耳朵是太多余了！

现代社会开始讲究男女平等，不过，对于平等这事因为没有执法机关验证把握，所以在提升女人地位的时候就轻而易举地提过了头，就像跷跷板，女人已经高高地升上去了，现在没有人出来管这平不平衡的鸟闲事，男人就只好在地下先趴着。升上去的女人容易忘乎所以，有钱有权的男人勉强还有点地位，至于那些普通男人恐怕就更没有底气了。他得会做饭，得会熨衣服，得会开车，其实主要是得听话，要不大家就都没有安静日子过。

原先大男子主义不好，现在大女子主义已经甚嚣尘上，因为家里都有一个提刑官，所以没有男人敢出来对这种不正之风说点什么。傻子不说话，没人知道他傻，日子都是这样凑合着过的。据说再过十几二十年，因为男女比例严重失调，国内就要盛产五千万光棍，到时候，大女子主义更将大行其道。男人如果能从万马千军中讨上一房媳妇回家已经可以自诩为常山赵子龙，就算是娶回家一个无盐嫫母，可也顾不得了。现代怕老婆男人的口头禅是："多吃菜少喝酒，听老婆的话，跟共产党走。"那时候，可能还会有人大为不平，我倒是想听老婆的话，问题是，老婆在哪儿呢？

还有句话说得好："与一个好女人结婚，你是在暴风雨中找到了避风港；与一个恶女人结婚，你是在避风港中遇到了暴风雨！"那时候，恐怕还会有人悲怆地高喊："让暴风雨来得更猛烈些吧！"

❋ **参考书籍**

《太平广记》《御史台记》

唐太宗的千秋功过，别听书生迂论，得听历代帝王将相们怎么说

对于唐太宗李世民的文治武功，历代的人都喜欢论个是非长短。当然，大家也都有"论"的权利，白发渔樵坐对一壶老酒，也能把"古今多少事"，都畅饮在笑谈中。

但要论说帝王，一般人怕说不到点上。不说老百姓没有资格，也不说一般文士没有那个眼量，就好比王某人说先定个一个亿的"小目标"，差点就把初入职场的小白们惊个跟头。普通人对于十万块钱还有个大致的概念，对于一个亿甚至十个亿完全懵懂。所以要论千古一帝的事，应该听听帝王将相们怎么说。他们大致能量相当，经历过类似的风雨，见识过类似的场面，眼界开阔，所以他们的话更具有可参照性。

一般百姓的看法大致来自经过加工的文学作品，一般文人的月旦评大致都有局限，所以当不得真，视为清风过耳就行了。就好比玄武门事件，宋儒如朱熹等人一直在指责唐太宗不孝不义，甚至是个历史罪人，但是唐太宗在《贞观政要·君道》中说："为君之道，必须先存百姓。"他一手创建了强盛的大唐王朝，那在老百姓和亲属的天平上，孰轻孰重？宋代的儒家老朽们不看大势大局，只追究细枝末节，评判自然有欠公允。

当年齐桓公也杀了公子纠,一样是杀兄弟,孔子他老人家并没有指责他。所以,孔门后人朱熹在这点上难免受空谈之讥,他指责唐太宗:"假仁借义,以行其私。"这跟其他喜欢说点风凉话或者故作惊人语的文人差别不大,看官大可以一笑而过。

帝说:有君天下之德而安万世之功

不说太宗以后的唐朝皇帝对他当然是顶礼膜拜的,只说五代后周世宗柴荣开拓出一片江山,也是一条顶天立地的汉子,他就把唐太宗当成了一面镜子,他这样来励志:"昔唐太宗定天下,未尝不自行,朕何敢偷安!"

开启了"仁宗盛治",被盛赞为"君子满朝"的宋仁宗提起唐太宗来也是钦服不已:"尝读《贞观政要》,亦云:'太宗言任人必以德行、学业为本。'"

《金史》中记载,金朝君臣也都把《贞观政要》当作治国必读之书。金熙宗对大臣说:"朕每阅《贞观政要》,见其君臣议论,大可矩法。"

"一代天骄"成吉思汗更看重太宗的"武功",横行天下的他对太宗如此推崇:"欲安邦定国者,必悉唐宗兵法。"

明太祖朱元璋能看上的人不多,在历代皇帝里他最看得起的恐怕也是唐太宗,这从他的祭辞中可以看出来:"惟唐太宗皇帝英姿盖世,武定四方,贞观之治,式昭文德,有君天下之德而安万世之功者也。"

明成祖视唐太宗为偶像,终生以唐太宗自励自比。励精图治,一心想当明君的明宪宗成化帝朱见深挺有意思,他在佩服之余,似乎对唐太宗的为人还有点微词:"三代以后,治功莫盛于唐,而唐三百年间,莫若贞观之盛。""太宗在唐为一代英明之君,其济世康民,伟有成烈,卓乎不可及已。所可惜者，正心修身，有愧于二帝三王之道，而治未纯也。"

清代开启康雍乾盛世的康熙大帝不同于成吉思汗，他更看重太宗的"文治"："朕观古来帝王，如唐虞之都俞吁咈①、唐太宗之听言纳谏，君臣上下，如家人父子，情谊浃洽，故能陈善闭邪，各尽所怀，登于至治。"

羡慕唐太宗手下有那么一大批能人而且君臣能够相处得像一家人，所以康熙对待官员稍失之于宽，以至于后期贪腐成风，给儿子雍正留下了一个棘手的摊子。

王说：风教遐被，德泽远洽，殊方异域，慕化称臣

唐太宗毕竟是唐太宗，几千年就这么一个。他的功过，这些王族的评价也大有可观。

五代后唐的第三位皇帝唐闵帝李从厚是太宗的忠实粉丝："闵帝嗣位，志修德政，易月之制才除，便廷访学士读《贞观政要》《太宗实录》，有意于致理。"

与唐太宗几乎生活在同一个时代的印度戒日王，是印度古典文化的集大成者，他以局外人的眼光来看唐太宗，也很有说服力："有秦王天子，少而灵鉴，长而神武。昔先代丧乱率土分崩，兵戈竞起，群生荼毒，而秦王天子早怀远略，兴大慈悲，拯济含识，平定海内，风教遐被，德泽远洽，殊方异域，慕化称臣，氓庶荷其亭育，咸歌《秦王破阵乐》。闻其雅颂，于兹久矣。"

辽皇子耶律雅里说："每取唐《贞观政要》及林牙资忠所作《治国诗》，

---

① 都俞吁咈（dū yú xū fú）：都，赞美；俞，同意；吁，不同意；咈，反对。本用以表示尧、舜、禹等讨论政事时发言的语气，后用以赞美君臣论政问答，融洽雍睦。

令侍从读之。"

明代规定将《贞观政要》与《尚书》《春秋》《资治通鉴》等书列为皇太子必读之书。

宋朝祭唐太宗昭陵词:"天命圣智,率其雄杰,补其裂,纫其绝,续其歇,益其竭,东西南北,张再造之乾坤,春夏秋冬,皎重新之日月,功有如是之大者,唐太宗文皇帝者哉!文皇未起兮四维如毁,文皇既位兮八荒如砥,文皇之迹兮炳如丹青,文皇之功兮配于天地!"

最不可理喻的是偏安一隅的宋高宗,他批评唐太宗"夸大而好名",不知道出于什么心理。唐太宗夸大也有夸大的资本,你如果能在遗民的眼泪里北伐功成,夺回中原,重塑大宋雄风,再说这话也未迟。

宋高宗按说也应当归于"帝"一类,但是论他的疆土和见识,笔者将他降级为"王"。

将相说:后世人主好学者莫如唐太宗

历代开国皇帝草创时期急需深谋远虑之士,也需能征惯战之将,风云际会,君臣相遇,成就一段盖世传奇,这一点唐太宗做到了;开国之后,宝座坐稳了,并不亮屠刀杀功臣,让后世人寒心,这一点唐太宗也做到了。

对于李家老二唐太宗的开挂程度,历朝历代的将相们当然也各有说法。

魏徵铮铮铁骨,每次冒着生命危险直谏,他对唐太宗的要求达到了历史最高标尺:"耻君不及尧舜"。这话不是魏徵说的,而是与他同朝为官的初唐四大名相之一的王珪说的。虽然只有短短的六个字,但确实是肺腑诚挚之言,这一代君臣的追求和胸襟都让人追慕不已。

徐铉是五代至北宋初年的翰林学士,曾经任职吏部尚书。他认为唐太宗把一个"德"字和一个"礼"字做到了极致："昔我太宗文皇帝革暴隋，一宇内，屈己济物，虚心纳谏，故四夷君长，历代不宾，稽颡阙下，可谓德矣。声明文物，垂三百年，绝而复续，可谓礼矣。"

从祀于孔庙，被尊称为"先儒司马子"的北宋名相司马光看法如下："太宗文武之才，高出前古。盖三代以还，中国之盛未之有也。"又赞叹："驱策英雄，网罗俊义，好用善谋，乐闻直谏，拯民于水火之中，而措之衽席之上，使盗贼化为君子，呻吟转为讴歌……"

欧阳修不仅是文坛领袖，又曾任枢密副使至参知政事，他的赞美直接而热烈："盛哉，太宗之烈也！其除隋之乱，比迹汤、武；致治之美，庶几成、康。"

真德秀不仅是宋代理学的正宗传人，也曾经官拜参知政事，雅望非常。他的观点是："后世人主好学者莫如唐太宗，贞观之规模不可以不复。"

南宋的理学家陈普仍然对太宗晚年的征伐颇有微词："文皇仁义播敷天，李氏无伦三百年。末路荒唐如炀帝，蜀江更起度辽船。"

这一点，身为宋末三杰之一的文天祥批评得更直接："太宗全不知道闺门之耻、将相之夸，末年辽东一行，终不能以克其血气之暴，其心也骄。"

明初开国宰相李善长对唐代制度推崇备至："汉《九章》为宗，至唐始集成。今制宜遵唐旧。"

晚清"中兴第一名臣"，有人推崇为千古第一完人的曾国藩也有一番独到见解："自古英哲非常之君，往往得人鼎盛。若汉之武帝，唐之文皇，宋之仁宗，元之世祖，明之孝宗。其时皆异材勃起，俊彦云屯，焜耀简编。"

唐太宗曾作《帝范》十二篇以赐太子，其中就有对自己的评价，虽然难免自谦，但相对还是客观的：

"汝当更求古之哲王以为师,如吾,不足法也。夫取法于上,仅得其中;取法于中,不免为下。吾居位已来,不善多矣,锦绣珠玉不绝于前,官室台榭屡有兴作,犬马鹰隼无远不致,行游四方,供顿烦劳,此皆吾之深过,勿以为是而法之。顾我弘济苍生,其益多;肇造区夏,其功大。益多损少,故人不怨;功大过微,故业不堕;然比之尽美尽善,固多愧矣。"

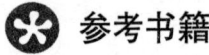 参考书籍

《太宗实录》《金史》《宋史》

李白与王维争风吃醋？浪漫而卑劣的想象

个人观点，唐代诗人中有四座高峰矗立——李白、杜甫、王维和白居易。

这四人中，历代人各有所爱，也有好事者喜论短长。四人之高恰如日月星辰，朗照今古，某些人的抬举或者某些人的贬斥不影响其绚烂，尘沙雾霾过后，光芒依然如昔。

近日读到了一篇有关李白与王维争风吃醋的文章，作者尽展其浪漫而卑劣的想象，把王维、李白和玉真公主拉扯在一起，简直动用了现代"八卦高手"诟谇谣诼的所有手段，让两位襟怀坦荡的大诗人覆诟蒙羞，故笔者认为，有必要征引古籍，以正视听。

谣传也有源头，让李白和王维争风吃醋的源头也很无厘头。有人看到李白和王维同岁，又一起在长安共过事，但两位著名的大诗人之间竟然没有任何的酬唱应和之作，就认为他们一定有矛盾，而矛盾的根源无从捕捉，就想当然地"设计"出了一个女人，这个不幸的女人即是唐玄宗李隆基的妹妹玉真公主，而他们之间"不清白"的起因是李白和王维都给玉真公主写诗了。

好，那就先从两人的诗作说起。

王维的诗名为《奉和圣制幸玉真公主山庄因题石壁十韵之作应制》，

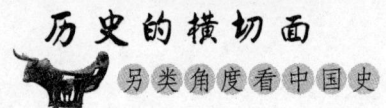

抄录如下：

碧落风烟外，瑶台道路赊。

如何连帝苑，别自有仙家。

此地回鸾驾，绿溪转翠华。

洞中开日月，窗里发云霞。

庭养冲天鹤，溪流上汉查（通"槎"）。

种田生白玉，泥灶化丹砂。

谷静泉逾响，山深日易斜。

御羹和石髓，香饭进胡麻。

大道今无外，长生讵有涯。

还瞻九霄上，来往五云车。

首先这是一首应制诗，意谓奉天子之命在应酬宴会上对御制诗的唱和。这首诗总体并不亮眼，在王维的应制诗里算不得上品，王维只是为了完成任务而已。写这首诗的时候，大致是天宝三年，即公元744年，时任左补阙的王维已经四十四岁。唐玄宗和妹妹感情甚笃，带着一批文采斐然的近臣浩浩荡荡地到公主的别馆来游玩，兴之所发，大家一起即情即景，写诗为乐。

王维和李白都出生于公元701年，而玉真公主出生于公元692年，比他们俩都大九岁，此时的公主已经是五十三岁的"高龄"了。如果说在妻子亡故之后即洁身独居十几年的王维想通过此诗与公主暗通款曲，真让唐玄宗和一帮诗人们笑掉大牙。

开元十八年，即公元 730 年，李白第一次来到长安，参谒宰相张说，很不巧张说病重，乃结识其子张垍（jì）。经张垍介绍，他寓居在终南山玉真公主的别馆。李白当时确实也想走一走玉真公主的路子，于是写了一首《玉真仙人词》：

> 玉真之仙人，时往太华峰。
> 清晨鸣天鼓，飙欻（xū）腾双龙。
> 弄电不辍手，行云本无踪。
> 几时入少室，王母应相逢。

在"八卦游魂掌"高手的眼里，笔者应该很无能，因为从这首纯属描写玉真公主道行的诗里，睁大眼睛也找不到"直接大胆地表露对玉真公主感情"的任何暗示。而且很不幸，李白当时还没有什么影响力，他根本也没见到玉真公主，玉真公主甚至也没有见到他的诗。如果公主此时与李白相遇，并对他青眼相看，那他就不会又留下一些很惆怅的诗作，失望地离开长安了。

所以，从这两首干净的诗作里，简直用显微镜也找不出任何咸湿的东西。两人为"情敌"并用"诗作传情"之说可以化作一阵袅袅的轻烟散了。

接下来，说二人与玉真公主的交集。

先说王维到公主府里去弹琵琶，中状元是公主给帮忙的"传奇"故事。这故事溯其源应该来自唐代河东人薛用弱写的《集异记》，但必须大声强调三遍的是，这是一本传奇小说集！是一百年后王维的这位小老乡的创作，有无史料价值，不需赘言。

另有与薛用弱同时代人的郑还古所作之《郁轮袍传》，后来被明代人演化成了杂剧。里面写的正是王维如何用一把琵琶演奏《郁轮袍》而吸引公主，再献诗得公主青睐，于是公主出手，拿掉了原来内定的状元张九皋，力推王维"作解头而一举登第"。

故事说起来有鼻子有眼，但是在公元709年，开元名相张九龄的弟弟张九皋先生已经明经及第，他怎么可能在公元721年又到京兆府应试？所以王维求公主推举一事本就捕风捉影，此一击即可破之。

更何况，王维既然已经得到了岐王李范的赏识，为什么还要另辟蹊径去打扰已经正式出家十年的玉真公主？这根本于常理不合。

要知道，岐王排行老四，他的三哥李隆基当年发动"先天政变"，诛杀太平公主的党羽萧至忠、窦怀贞等人，李范一直是哥哥的忠实跟班儿，是立有大功的，他才是实力派。要提携王维，岐王还得领着他去拜谒玉真公主，这是怎么用小脑想出来的？

所以王维除了跟着皇上去公主的山庄与她有过一面之缘，再与公主有没有过交往还得打一个大大的问号。更何况，公主是道家，王维崇佛，各自清净修行，哪里来的那么多是非？

再说李白第三次进长安是十二年之后了，公元742年，即天宝元年，是玉真公主的道友元丹丘将李白多年前撰写的《玉真仙人词》呈上，玉真公主才见识了李白的诗才。但玉真公主有没有举荐李白仍然两说，李隆基汲取了武后、韦后和太平公主的教训之后，应该不会允许女人再度干政。《新唐书》里记载太子宾客贺知章高度欣赏李白，"子，谪仙人也！"于是，"言于玄宗，召见金銮殿，论当世事，奏颂一篇。"玄宗很高兴，赏他当了一个供奉翰林。

人物风评

李白就是如此进入政界，有没有见过玉真公主的仙颜都不得而知。他当了三年窝囊的宫廷诗人，不想再被呼来喝去，其实主要还是觉得一腔抱负无法施展，后来终于决定"仰天大笑出官去"，本仙不伺候你们这班俗人了。

这段时间，王维确实是在长安为官，还在当他的从七品的左补阙。至此，最大的一个疑团已经可以迎刃而解，两个人在长安共事的这三年时间里，玉真公主已经悄悄长到了五十四岁！

再也休说两位大诗人为了她而争风吃醋，遗人笑柄。大家可以哈哈大笑，拍拍手散了。

不，还不能散，在这里还得郑重为玉真公主正名。

唐代是有过几个骄奢淫逸的公主，但想当然地把这种性格嫁接到玉真公主的头上来，至少是不厚道的。

公主在景云二年即公元711年，"于大内归真观中，诣三洞大法师金紫光禄大夫鸿胪卿河内郡开国公上柱国太清观主史尊师受道"。就是说，公主在二十岁的那年就正式出家了，而且公主的出家并不是玩花活虚招，可谓道心坚固。

天宝初年，公主恳切上书请求辞掉自己的封号，要把封地还给公家，自己潜心修道。唐玄宗表示反对。公主说，不想白吃百姓的租赋，放弃这些富贵，为的是求增十年寿命。玄宗哥哥这才应允，遂削公主号、归还家产。

给这样一位虔诚修道的公主身上泼污水，良心上也过得去？

最后还得说说一个疑问，为什么李白和王维之间没有任何交流的痕迹呢？

如天宝二年，诗人王昌龄、裴迪、王缙等人约王维游长安青龙寺悬壁

051

上人院并一起赋诗，这一次游玩，大家为什么不叫李白？

天宝三年，贺知章向皇上提出辞职归隐得到允诺后，约了一大批文朋诗友举行告别晚宴，李白到场，王维缺席了。

这里可能要涉及信仰问题了，所谓道不同不相为谋，在李白和王维的身上应该表现得泾渭分明。

《旧唐书》："维弟兄俱奉佛，居常蔬食，不茹荤血；晚年长斋，不衣文彩。"信佛的王维始终过的是苦行僧一样的生活，"斋中无所有，惟茶铛、药臼、经案、绳床而已。退朝之后，焚香独坐，以禅诵为事。"

妻子过世之后，王维矢志不娶，"一生几许伤心事，不向空门何处销。""晚年惟好静，万事不关心。"他死之后，把经营几十年的辋川别业舍为寺院，来也空空，去也空空。

再看狂放不羁的李白，年轻的时候"三百六十日，日日醉如泥"。不喝酒的时候就去求仙访道，"五岳寻仙不辞远，一生好入名山游。"据《新唐书》载，"白晚好黄老"，到了老年更是一心向道。天宝四年，李白在齐州（今济南）的道教寺院紫极宫走上法坛，从高天师手中接过朱笔写在白绢上的"道箓"，成为一名名副其实的道士。

所以，王维要去游青龙寺，尽管共同的好哥们儿王昌龄也去了，李白也许就不感兴趣，叫也不去。而与李白惺惺相惜的贺知章也是好道之人，他向皇上提出辞职，就是请求度为道士，玄宗才准其还乡的。那他要与人欢宴畅饮，那个受了戒、不喝酒不吃肉不茹荤的王维来了，岂不煞风景？

还有另一个不可测的重要原因。

唐代宗时，王维的弟弟王缙为相，代宗很喜欢王维的诗作，向他索要，王缙非常遗憾地说："天宝事后，十不存一。"经过安史之乱的大动荡之后，王维的诗作绝大部分散佚了。

更加可惜的是，后来整理李白诗作的李阳冰也在《草堂集序》中说，李白的诗也在动乱过后，"章句荡尽""十丧其九"。我们现在侥幸能看到的两位诗人的作品只是凤毛麟角，而以此残存篇章来推断二人之间没有酬唱，甚至有敌意，也未免以点代面了。

笔者感言：这是两位最具才情的大诗人，一个追求水面之上的舟楫凌波，风云激荡，此为李白也；另一个则追求水面之下的沉静如一，浑然无我，此为王维也。

即使二人形若参商，依然在盛唐的星空，闪烁着最耀眼的光芒。

✱ 参考书籍

《旧唐书》《新唐书》《集异记》《全唐诗》

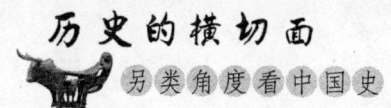

绚烂归于平淡，红杏尚书的临终遗言对人生悟透了吗？

在普通人看来，人生贵在折腾，老老实实守本分的人一般被看作没出息。

宋祁当然得算作有出息的一类。他从小就聪明，十岁会作诗。长大了，考试越考越得意，要不是给哥哥宋庠面子，连状元都能拿下。再后来青云直上，官越做越大，一直做到工部尚书，要不是包公看他不顺眼，三番五次地阻拦，宋祁入阁当个宰相的可能性也是很大的。

从贫苦的青衫学子到华贵的紫袍公卿，宋祁的人生坐标上浮动系数够大，他体会过反差很大的不同阶级的人生况味。说到这个，宋祁一点也不用谦让，他本身赶上了好时代，仁宗盛治，老百姓过得殷实，最低生活费一个月有个二十贯就够了，而他这个尚书级别的官员俸禄高得惬意，足够维持他奢华豪侈的生活。

宋朝也算是高薪养廉，官员俸禄之厚可以笑傲前朝后世，除正俸之外，官员的服装、禄粟、茶酒厨料、薪炭、盐、随从的衣粮、马匹刍粟、添支（增给）、职钱、公使钱及恩赏等都可以让他过得无比滋润，地方官更有大量的职田，官员如有差遣再加津贴。所以在宋朝当个官，日子好过得不行不行的。

有钱是一方面，哥哥宋庠的日子就过得很机械简单，但弟弟宋祁想得开，有钱就花呗。他在著名的词章《玉楼春》里，就这样写道：

浮生长恨欢娱少，肯爱千金轻一笑。

为君持酒劝斜阳，且向花间留晚照。

《曲洧旧闻》记载，宋祁在成都修编《新唐书》，宴会之后，大开寝门，"垂帘燃二椽烛，媵婢夹侍，和墨伸纸，远近皆知为尚书修唐书，望之如神仙焉。"

陆游的《老学庵笔记》记载，宋祁好客，经常在府邸广厦中大开筵席，"外设重幕，内列宝炬，歌舞相继"，宾客们从早到晚，在里面饮酒歌舞，偶然揭开幕布，惊讶不已：啊哈！已是第二天凌晨了！故而，宋祁的府邸人送外号"不晓天"。

宋祁热衷诗酒歌舞，与老师晏殊"臭味相投"。因此，晏殊对这个得意门生，曾经非常引以为豪，"雅欲旦夕相见"，还将府邸买在一起。

宋祁除了喜欢春游、吟诗、唱歌、作词，还喜欢美女，娇妻美妾多多益善，《东轩笔录》说是"后庭曳绮罗者甚众"。就这他还嫌不足，连皇宫里的女人也敢动心思，这在笔者的另一篇文章《清平乐》之"风流词人，竟敢撩皇宫里的女人"里有过介绍，有兴趣的客官可以移步了解。

总之，宋祁的一生花团锦簇，活成了很多人羡慕的样子，要雨得雨，要风得风，但是到他临终的时候，却一改往日的行事风格，来了一个极简派。从他留给儿子们的遗言中可以看出，他死得相当洒脱。

宋祁大大小小共有十四个儿子，他首先给他们留下一篇《治戒》，对自己的后事安排得清清楚楚，一个一生锦衣玉食的人对死却看得很淡："吾殁后，称家之有亡以治丧敛，用濯浣之鹤氅纱表帽线履，三日棺，三月葬，慎无为阴阳拘忌。棺用杂木，漆其四会三涂即止，使数十年足以腊吾骸朽衣巾而已。"

意思是下葬用一口简陋的棺木就行了，只要能保遗体一段时间即可。坟茔里"无以金铜杂物置冢中"，即不要陪葬任何的金银器皿，要"惟简惟俭"。放水放酒放米面，放点衣服就行了。另外，不需要去请谥号，也不要接受什么赗（fèng）赠，更不要去求名人写什么志碑之类。坟头上可以种五棵柏树，坟堆也不要高了，三尺就行，石翁仲也不必用，不必请僧道斋醮。

担心孩子们不听，他还特意交代了一句："此吾生平所志，若等不可违命作之。"

他是状元之才，不仅有《新唐书》传世，辞令也不乏名句，"红杏尚书"可不是浪得虚名，按说他是有骄傲的资本的，但他最终对自己的认知却是"吾生平语言无过人者，慎无妄编缀作集"，意思是没写出什么足以传世的东西，那些杂七杂八的作品不值得编撰成集。虽说，跟苏轼、欧阳修和王安石这样的人生活在同一个时代，相对而言，他的才情终是弱了一点，但谦虚到这个份儿上，也算是难得了。

除了《治戒》，他还留下了一篇《庭戒诸儿》，在这里总结了自己的一生："入以事亲，出以事君，生以养，死以葬，莫非儒也。"然后是他对于道家的解读，认为"清净可以治人，柔弱可以治身，若等服而行之，不害为儒也"。

他对于人生的深刻理解，来自这一段他对于佛学的感悟："佛家自远方流入中国，其言荒茫奓（zhà）大，多所譬谕，合群迷为真，指生死为妄，以太虚为体，其法曰：欲言则差，欲心则谬，如一沤生，一沤灭，还入于海，沤自妄见。海无生灭无有也，亦无无有，亦无无无，淡然无所得而止，止亦不止也。"

繁华历尽，平淡是真。人生如沤，去来何凭？宋祁的人生也有一个从原来的烈火烹油、鲜花着锦到青灯黄卷、人淡如菊的过程，从他的这首《绝荤》诗可以看出，老年的他，似乎竟以吃素为生了：

炉销午篆天花泊，几隐宵灯偈叶留。
割肉炰羔非我事，此身今悟一浮沤。

✱ 参考书籍
《曲洧旧闻》《老学庵笔记》《东轩笔录》

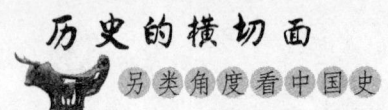

《清平乐》之宋代战神：他的大帐之外，三千甲士鸦雀无声

《清平乐》第19集，曹皇后把她最贵重的嫁妆——四伯曹玮赠她的盔甲转赠仁宗，宋仁宗看到盔甲后立刻肃容给"曹将军"望空行礼。曹皇后的这位四伯竟让皇帝如此敬重，他被尊称为曹武穆，是被后人忽视甚至遗忘的朝廷柱石，曾是宋代军中的战神级人物。

说到曹玮的谥号"武穆"的含义，一为"威彊叡德，克定祸乱"，二为"布德执义，中情见貌"。我们都知道岳飞享有此殊荣，而这位曹武穆虽然历来低调少闻，但其宏谋巨猷，折冲万里，赫赫战绩，光照史册。

王安石这样的狂夫都对曹将军钦仰不已，"公为将几四十年，用兵未尝败衄，尤有功于西方。……自三都之战，威震四海。"他的话里，有两个重要信息：一是曹将军用兵四十年，不打败仗；二是他指挥的三都谷之战，把吐蕃青唐羌政权的权相李立遵打得不敢仰视。

曾经有契丹使者经过曹玮统领的天雄军驻地，慑于将军的威名，告诫随从一律慢行，不准策马飞奔。

曹玮经略西北，恩威并施，联络吐蕃制约西夏，胡尘不起，边陲安定。他主张修筑寨城、疏浚堑壕、招募弓箭手屯田，这些制敌策略一直为后代沿用。

曹玮能征善战，沉勇有谋，盖因为将出名门。他的老爹是大宋的开国元勋曹彬，曹玮从小就跟着爹冲锋陷阵，十九岁即独当一面。老爹认可他的作战能力，内举不避亲，临终前对皇帝说他"材器可取"。

曹玮也果然给父亲长脸，这一对父子英雄，同配享仁宗庙庭，同为昭勋阁二十四功臣之一（岳飞和杨家将都不在列，值得探讨），也算是古今罕有。

人常说，胜败乃兵家常事，但曹玮为将四十年，从未曾失利，推究其原因，应该归之于治军严整。有人认为曹玮治军"不如其父宽"，意思是他严苛。但总结他的制胜之道，正是"驭军严明""赏罚立决"这八个字。

司马光的《涑水记闻卷二》记载：曹玮坐守秦州，有一次检查防御工事，发现城墙上设置的挡箭板有点高了，当即命令更换。这时一位老将出言顶撞："我们这里历来就是这么用的。"

曹玮一听大怒："这么个小小的挡箭板都不能改掉吗！"

谁也没想到，曹玮当时就喝令刀斧手，把那位老将推出去，斩！

手下赶紧求情，都说这位老将平素善于用兵，多有战功，不能因为这点小事就斩大将吧？

曹玮不为所动，可怜这位老将一句话没说对就掉了脑袋，这一颗血淋淋的人头让所有人都体会到什么叫军法严明！

从此，营中上下，令出如山。

让笔者特别佩服的还不是曹玮的战绩，而是一件让人久久回味的小事，一代名将的气场竟然是这样的。一起来体会一下：

这件小事记入了《宋史》。话说有一位山东名士叫贾同，他前来拜会曹玮，住在客舍。这天两人一番畅谈之后，曹玮准备巡边，邀请贾同一起前往。贾同就奇怪曹玮怎么不带护卫，曹玮说："他们已经来了。"

一出来，贾同大吃一惊，大帐之外三千甲士环列，剑戟森然，鸦雀无声！

这样的气场、这样的将军调教出来的士兵，才能够无坚不摧、所向披靡！

贾同回去后，跟人谈起曹玮，佩服不已："玮殆名将也。"

所以，曹玮的战甲，具有非凡的象征意义。宋仁宗把曹玮战甲转赠给了葛怀敏，希望他讨伐西夏，能完成曹玮一样"十万胡尘一战空"的业绩。但葛怀敏毕竟不是曹玮，沙场残酷，他连自己的命都保不住，曹玮的战甲也蒙上了灰尘。

曹彬的大儿子曹璨战绩虽然不如四弟，但也跟随父亲征战多年，可堪大任。他担任禁军首领十余年，名声很好，深得宋室皇帝的信任。

出身这样的名门世家，曹皇后仁德守正，母仪天下，但宋仁宗对她疏离的态度很微妙。个人认为，除了缘法不足，还因为担心曹氏家族坐大，仁宗可能有意避让，毕竟他老赵家就是武将起家夺的江山。感情的事在深宫里是第二位的，是可以被政治浸染、扭曲和利用的东西。

✻ 参考书籍

《宋史》《涑水记闻》

元顺帝做噩梦禁止军民养猪？唐伯虎梦到"中吕"两字就万念俱灰？

梦是一个很神奇的东西。人说"日有所思，夜有所梦"，我看只是常规的安慰人的一句话而已。有的时候，做出来的奇奇怪怪的梦往往是一种预兆，只是苦于我们无法揭秘，等事情发生了，才恍然大悟。

清代学者褚人获所著的《坚瓠集》六卷之四中有这样的记载："至正二十二年。顺帝一夕梦大豕决都城而覆，因禁军民畜猪。"意思就是元顺帝有一晚做梦，梦见体格庞大的猪拱破了他的都城，觉得这是一个极不好的预兆，于是就禁止军民养猪了。

这个梦有点意思，这个元顺帝也太不讲理了点。宋代开始，猪肉已经是中国老百姓餐桌上的常物，元顺帝真可以，昏聩到这个地步。

后来在明代江盈科的笔记《雪涛小说》之《闻纪》里也读到了相关内容，不过有延伸："比太祖兵至，适二狐从殿中突出，帝叹且泣，即命开健德门北去……"

意思是朱元璋的大军打到了北京城下，元顺帝这次没做梦，是亲眼看见从大殿里蹿出了两只狐狸，于是他感叹以至哭了，知道命数不可改，就开了健德门向北方大漠里跑了。

为什么会哭呢？元顺帝明白了自己当初那个梦的意思，再和亲眼见到的事儿联系起来了，于是就得出一个结论："朱入狐走"。"猪"和朱元璋的"朱"同音，而"狐"与"胡"同音，意思就很明显，傻子也该看出来了。

所以当初草木皆兵不让老百姓养猪就好笑了。但笔者还是觉得这事有些牵强，后代文人杜撰的可能性大一些。

挺有意思，在《雪涛小说》里，还记录了风流才子唐伯虎的一个梦。那个梦也挺稀罕，他醒来清楚地记得梦里有"中吕"两个字，但是不明所以。

后来有一天，唐伯虎无意中读到了苏东坡的一首词，词牌叫满庭芳，他看见在词的下面赫然写着"中吕"这两个字，心里一动，再仔细看词，里面有这样一句："百年强半，来日苦无多。"

这种暗示太明显也让人太难以接受了，唐伯虎那样冰雪聪明的人，知道了那个梦的意旨所在，一时愁肠百结乃至万念俱灰。

从唐伯虎的寿命来看，还真应了这句词，"百年强半"，就是五十岁多点吧，唐伯虎恰恰活了五十三岁。

这个梦也离奇了些，必须是唐伯虎那样的才子才能解得开，换个粗人，可能也就一笑而过了。

梦这事，真有应验的吗？

✳ 参考书籍

《坚瓠集》《雪涛小说》

人物风评

酒肉穿肠过，佛在心中坐？强逼破山和尚吃肉的另有其人

"酒肉穿肠过，佛祖心中留。"这是早些年看电视剧《济公》的时候，大家学来的一句话，但其实误导了不少人，让他们给自己喝酒吃肉找到了借口。实际上，济公说的这句话还有后半句："世人若学我，如同进魔道。"意思是你们大家要是学我这样做，那可就进了魔道了，应当说后果是相当严重的。再把前后两句连起来读，济公的本意还是奉劝大家戒酒戒肉的意思。

有人说，那明末清初的高僧破山禅师不是喝酒吃肉破戒了吗？他也说过"酒肉穿肠过，佛在心中坐"这样的话，这又该怎么说？

破山禅师破戒在禅宗当中算是一段有名的公案，他的吃肉倒体现了一代高僧的悲悯情怀。因为时代久远，记载较多舛误，不少人都以为逼高僧吃肉的是杀人不眨眼的张献忠，其实跟他关系不大，现在把这件事的来龙去脉给大家分享一下。

首先介绍一下破山禅师。这位高僧十九岁厌弃尘凡出家，曾在湖北的破头山闭关修禅，后来行脚遍参诸方，拜在密云圆悟禅师座下，受印可并付以法流。后在巴蜀辗转弘法三十余年，历兴寺庵十四处，传法弟子

八十七人，使西南地区的佛教在明末清初的战乱时期再度勃兴，和尚成为身祧临济、曹洞两宗的一代宗匠。

据清代梁绍壬的《两般秋雨盦随笔·和尚破荤》中记载："张献忠攻渝，见破山和尚，强之食肉。"

此记载有误，破山和尚从未与张献忠谋过面。顺治三年张献忠在四川与清军作战时已经身亡，因为世传张献忠曾屠蜀，而破山又有开戒止杀一举，故不详其情者以讹传讹，附会到张献忠的头上。还有《巴县志》等则附会到张献忠的义子孙可望的身上，也不靠谱。

据清代吴伟业所著《鹿樵纪闻》及清代张邦伸所著《锦里新编》等记载：八大王张献忠攻打保宁府，在城外的庙里驻扎。大西军悍将李鹞子扬言欲尽屠保宁，破山和尚得知后遂前往为民请命，李鹞子正吃着喷香的狗肉，便对破山和尚讲："敢此即从汝！"破山即答："老僧救百万生灵，何惜如来一戒？"于是"为啖数脔"，从容而食。为此，保宁及其府属百姓得以幸免于难。

这些记载也有明显失误。李鹞子即为李占春（字立阳，一作一阳），他也不是一些书中所写的是夔东十三家之一，而是明将曾英的部下。顺治三年冬，曾英在重庆与张献忠攻杀败亡，所以李占春是张献忠的对手死敌而不是他的手下悍将。

个人认为，较为可信的描述来自破山和尚的弟子丈雪。康熙五年二月十六日，破山海明圆寂于川东梁平双桂堂，丈雪请非眼居士刘道开为昭觉寺内的破山发牙塔撰写塔铭，有如下记述：

"甲申以来，刀兵横起，杀人如麻，有李鹞子者，残忍好杀，师寓营中，和光同尘，委曲开导。李一日劝师食肉，师曰：公不杀人，我便食肉。李笑而从命，于是，暴怒之下，多所全活。"

据《破山年谱》载：南明相国吕大器为破山和尚的大机大用所折服，执为弟子礼。吕大器皈依后，许多地方武装首领也纷纷拜破山为师。顺治七年，李立阳李总戎屯兵涪陵，延破山到军中住锡，师在军营中传播佛法，破戒止杀的公案应该就是在这时发生的。

这是一个真实的故事，一个嗜杀武将的所谓豪迈在一位高僧的无缘大慈同体大悲面前无处着力，无数生灵可以在乱世苟活。师父所用的超越常规的方法，虽属无奈为之，却传为美谈。

破山和尚堪称世界宗教历史人物，有小释迦之称。他的诗，写得极为通透有趣，收录在《破山禅师语录》中，一起来欣赏三首，看您是否可以从诗中读出别样的禅意呢？

访万寿山寺题睡和尚

老僧来到无人陪，幸有当门杨柳垂。

只见柳花开又落，不知春梦几时回。

自赞诗

这个川老蜀，浑无奇特处。

问禅禅不知，问教教非熟。

懒散三十年，人天忽推出。

握条短杖藜，打佛兼打祖。

示悦心禅者

山重重处水重重，就里浑无一窍通。

惟有天涯云路别，时时缥缈带长虹。

参考书籍

《两般秋雨盦随笔》《鹿樵纪闻》《锦里新编》《破山年谱》

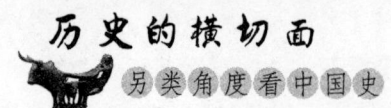

看看这两位古贤，才明白什么叫"举止安详"

过去老辈儿人说起来，有句话叫"举止安详，攸关福泽"，意思就是人举止行动不急不躁，有礼有节，这是有大福气的人；反过来，"浮躁多动，不寿之征"，就容易理解了。

有两个很有意思的例子。

一个是翁心存，晚清大臣。说他大家可能知道的不多，但是说起他的三儿子却是大名鼎鼎，翁同龢——同治光绪的两代帝师。其实翁心存的三个儿子都很厉害，老大翁同书，官詹事府任少詹事；老二翁同爵也是晚清名臣，官至湖北巡抚兼署湖广总督。

儿子们争气，当然是老爹的福气，其实儿子们还是受了父亲更多的影响。

翁心存当过兵部尚书，官至体仁阁大学士，七十多岁死了被皇帝赠太子太保，谥文端，入祀贤良祠。

翁心存早年家境贫寒，是靠在当地乡里的藏书楼校勘书籍过日子的。

一天，他偶然跟几位父老玩叶子戏，应该是后来的麻将纸牌一类的游戏。当天正好下了雨，翁心存穿了一双钉鞋。从下午一直玩到半夜，翁心存才离开。他走了之后，几位父老看到他留在地上的鞋印，"曾不一移"，就是几乎一下也没有动过。

人物风评

况周颐在他的著作《眉庐丛话》里，把这个故事放在首篇，可见其器重。他的评价是："如文端者，所谓安也。"就是像翁心存这样的人，才能真正称之为"安"，即使在玩麻将之类的游戏时也不会手舞足蹈。他心定神安，所以父老认为他必成大器。

第二个人说的是张之洞，很有名了，清末洋务派代表人物，军机大臣，官至体仁阁大学士，谥文襄。

张之洞在担任湖广总督的时候，经常有一些文人雅士呈赠自己写的诗文。张之洞如果当时忙，没有来得及看，就会等到这个人来拜访的时候，寒暄毕，马上命人取出客人的著作，于座间从容展诵，从头开始，一字一句，遇到有写得精妙的地方，一一奖许，如果有稍稍称颂自己的地方，必停下来致以谦辞。即使遇到长篇文章或者长诗至百韵者也都是如此。

等他缓缓诵毕，仍然把诗文交代给侍者，并嘱咐他小心存放在某处，不许马虎。

况周颐说，"如文襄者，所谓详也。"能够做到像张之洞这样的，才可以称得上是一个"祥"字了。

事实上，这二位"皆富贵寿考，极遇合之隆，是其验也"。位极人臣，还能长寿而终，自古以来能有此福泽的人恐怕不多。

我们都是升斗小民，不求富贵，但求平安祥和，如此，举止行动都有学习的榜样了。

✻ 参考书籍

《眉庐丛话》

物华溯源

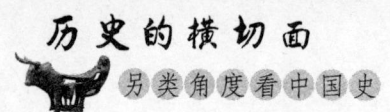

蒙恬被奉为"开山笔祖",其实在他之前毛笔已经成形了

在大家的印象中,造笔始祖当非秦国大将蒙恬莫属,因为在张华的《博物志》里记载:"蒙恬造笔。"而晋代崔豹在《古今注》中也说:"自蒙恬始造,即秦笔耳。以枯木为管,鹿毛为柱,羊毛为被。所谓苍毫,非兔毫竹管也。"

每一个时期,人的视野都是有限的,当时那么记,把功劳都记在蒙恬的名下,也无可厚非,因为蒙恬虽然没有原原本本地创造出一支毛笔来,但他毕竟是毛笔的改良家。

《太公笔铭》云:"毫毛茂茂,陷水可脱,陷文不活。"这句话至少说明在周代就已经有笔了。《卫诗》也有一句:"彤管有炜",说的也是笔的事。到了孔子的时候,《援神契》中记载:"孔子作《孝经》,簪缥笔",又说"绝笔于获麟"。而《庄子》里也写道:"画者吮笔和墨。"这些都说明,毛笔在蒙恬之前就已经广泛应用,它应该是历代文人智慧之结晶,故蒙恬"造笔"之说肯定不靠谱,"造过笔"倒是可以确信无疑的。

如果您还不信,那么在信阳长台关楚墓出土的毛笔,至少比蒙恬要早几百年。1954 年在湖南长沙古家公山战国墓出土的一支毛笔,是用上好的兔箭毛制成的。这可能是我国存世最古的毛笔,应当比蒙恬所在的时代早得多。这些证据都无可辩驳。事实上，蒙恬确属毛笔制作工艺的改良者。清代大学者赵翼在《陔余丛考》中的"造笔不始蒙恬"条中写道："笔不始于蒙恬明矣。或恬所造，精于前人，遂独擅其名耳。"赵翼的意思也是说，蒙恬改良了毛笔，精于前人，所以这项桂冠也就戴在他的头上了。

那究竟蒙恬做了哪些改良的工作呢？有人认为，蒙恬对笔杆、笔毛所用材料和制法做了改进。如采用鹿毛和羊毛两种不同硬度的毛制笔尖，使之刚柔相济，便于书写。也有人说，蒙恬是在出产最好兔毫的赵国中山地区，取其上好的秋兔之毫制笔的。

但在"中国湖笔之都"的善琏村，却传说蒙恬是在这里取羊毫制笔，所以被奉为笔祖。又据说蒙恬的夫人卜香莲是善琏西堡人，也精通制笔技艺，被供为"笔娘娘"。相传农历三月十六日与九月十六日是蒙恬和卜香莲的生日，村民们会举行盛大的敬神庙会，以纪念他们的笔祖。

蒙恬当年是在哪里取材，这并不重要，重要的是，他的改良应该是对毛笔的使用和推广起到了很大的作用，从而间接对中国文化的发展起到推进作用。

仅此一点，善琏村的做法就让人肃然起敬，饮水思源，人就得不忘本才行。

就像木匠行的鼻祖是鲁班，但鲁班并不是第一个木匠，他改良了许多工具，是一位永远值得尊敬的发明家；而梨园行供的祖师爷是唐明皇，他对这一行也做过顶大贡献，不光他自己精通多种乐器，他还把那些擅长歌舞的人在"梨园"攒成了戏班子。

❋ 参考书籍

《博物志》《诗经》《陔余丛考》

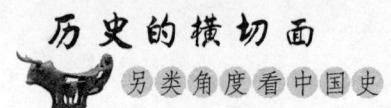

"翩若惊鸿，矫若游龙"，王羲之究竟用什么毛笔写字？

王羲之书法冠绝天下，兰亭一序风流千古。大家都知道一代书圣字写得好，今天读了明代薛肇澍的《五杂组》，这才知道，原来书圣用的毛笔也非同凡响。

"钟繇、张芝、王右军皆用鼠须，欧阳通用狸毛为心，萧祭酒用胎发为柱，张华用鹿毛，岭南郡牧用人须，陶景行用羊须。"

我们现在一般写书法无非是羊毫、狼毫、兔毫就相当不赖了，原来这些前辈用的笔竟然如此诡异。难道我们看到的那些"翩若惊鸿，矫若游龙"的字竟然是用老鼠胡子写出来的？

这里的这位"萧祭酒"是南朝梁的书法家萧子云，也是大腕，但是用胎毛做毛笔也够别出心裁的（谁家孩子那么倒霉？），还有那位更怪的"岭南郡牧"，没查到这位是何方高人，但是用人的胡须来做笔，也算是匪夷所思了。

相比较起来，人的胡须还算是容易搞到的，还有些人更是异想天开，用的是什么丰狐、龙筋、虎仆及猩猩毛、雀雉毛的，想不出来是什么样子，但是估计作用也不是很大，起不到决定性的作用，要不王羲之也得让贤了。

回头再说这个鼠须。身在江东的王羲之，"尝叹江东下湿，兔毛不及中山。"前辈们当时都觉得来自北地中山的兔毫是首屈一指的,当然这兔毫还有讲究,要用秋天的兔毫最好。那王羲之为什么要用老鼠胡子呢?

陆佃的《埤雅》里说道:"栗鼠苍黑而小,取其毫于尾,可以制笔,世所谓鼠须栗尾者也,其锋乃健于兔。"看明白了吧?人家用的可真不是老鼠的胡子,那得抓多少老鼠才能弄支笔呀?前辈高人们用的是老鼠尾巴上的毛,而且这毛比兔毛还"健"。当然了,据薛肇渖推测这种栗鼠应该是竹䶉之类的东西,肯定不是家鼠。

这里就说到了鼠须的"健",文中还说,"右军用鼠须,相当苦劲,非神手不能用也。"意思是用这老鼠尾巴做的笔,我们一般人连想也别想用。倒是宋代的蔡襄用过,以他的功力似堪用之,所以他说:"宣州诸葛高造鼠须及长心笔绝佳……"

下面的这个小故事就说明,这老鼠尾巴上的毛也不是那么好用的。相传宣州陈氏世代制笔,到了唐代的时候柳公权前来求笔,陈某人拿出两支笔来,对他的儿子说:"如果这位柳学士能用这个写,就把这笔给他留下,如果退回来,就给他普通的笔好了。"

结果呢,儿子把笔拿给了柳公权,这位柳学士试了试认为不好用,又给了他普通的笔,他却大加赞赏。

于是,这位陈老爹还发了一通感慨,认为古人和今人差得太远了。为什么呢?因为一开始拿出来的,就是王羲之先生爱用的鼠须笔呀!

薛肇渖认为也不能说柳公权就差得很远了,因为他和王羲之走的根本就不是一个路子,一刚一柔,所以柳公权用不了鼠须,也不可深怪之。

薛肇渖之所以肯替柳公权说话,是因为他自己也用过鼠须笔,他的感觉是:"圆劲殊甚,然稍觉肥笨,用之亦苦不能自由,不知右军、端明(蔡襄）所用法度若何耳。"

所以，尽管说"工欲善其事，必先利其器"，工具是相当重要的，但是真给一支王羲之用过的笔来，以咱这两下三脚猫的功夫，还真伺候不了。

❊ 参考书籍

《五杂组》

贽礼：假如你成功穿越，该拿什么去当见面礼？

突然给大家说贽（zhì）礼这么高古上雅的东西，现代人恐怕一时不好接受；但是不知道您有没有注意到，"手信"已经在时下日趋流行起来，也就是那种并不十分贵重的小礼品小礼物，携带轻巧方便，又有文化含量，跟人见个面，仿佛不经意间拿出一份很得体的"手信"，不能不让人倍感温暖而刮目相看。

不久前，好朋友从福建回太原，相见之时，"手信"是一小盒精致的大红袍，名曰"我的父亲母亲"茶园茶，爱不释手，竟不忍心泡着喝掉。

这"手信"其实不是现代人精巧的小发明，而是我们又把古人的作风拾了回来。在远古时期，我们的老祖先就那么讲究，他们那时候的手信就叫"贽礼"。

去辞典里查"贽礼"，一个意思是初次拜见长辈尊上时所送的礼物。如《二十年目睹之怪现状》第七十五回里写："这是一份贽礼，却送得那么重！"一份贽礼竟然是四百两银子做的假笔墨，当然让"我"有些惊诧。

后来社交场合拜见时所赠送的礼物也叫"贽礼"。比如刘邦赴鸿门宴时，持白璧一双献给项王，玉斗一双献给范增。这里的白璧和玉斗就是"贽"。从出手这么贵重的"贽"也可以看得出来刘邦诚惶诚恐，心虚得很。本来就是个手信嘛，何必弄得像要买自己的命一样？

那古代人的贽礼一般送些什么东西为合适呢？

《左传·庄公二十四年》记载："男贽，大者玉帛，小者禽鸟，以章物也；女贽，不过榛栗枣，以告虔也。"

意思是说，男人之间的贽礼，大者可以是玉帛，小者可以是禽鸟，而女人之间送点水果干果之类，表达一份敬意和诚意就完全可以了。

但即使说得如此随意，也不能乱送，你是什么身份就送什么样的"贽"，其中还是很有说道的。

《周礼·春官·大宗伯》："卿执羔，大夫执雁。"那么，这小羊和雁都是很好的贽礼，但得是卿和大夫那个级别的人才能赠送的礼物。

可送礼为什么偏偏要抱一只羊和一只雁呢？郑玄注："羔，小羊，取其群而不失其类。雁，取其候时而行。"

"群而不失其类"，似乎表达不够精准和完善；《公羊传·庄公二十四年》注为"羔取其执之不鸣，杀之不号，乳必跪而受之，类死义知礼者也"，似乎说得又太严重了。后来看到汉简《仪礼》之《士相见》注为"羔，取其群而不党"，这应该是执政者对臣下赤裸裸的心理诉求和写照。

呜呼！"执之不鸣，杀之不号，乳必跪而受之……"羊果真是"群而不党"的生灵，行文至此，悲悯之心陡然而生。

那么各色人等究竟该拿什么为"贽礼"呢？

近日读元代王恽的《玉堂佳话》，写到关于"贽礼"，录如下：

"贽礼。帛有衣被之仁，皮有炳蔚之文，故孤执之。羔有跪乳之礼，有群而不党之义，故卿执之。进必以时，行必以序，雁也，故大夫执之。

交有时，别有伦，被文以相质，死分而不变者，雉也，故士执之。可蓄而不散迁者，鹜（其书误为骛，骛，良马也，老百姓打死也送不起的）也，故庶人执之。可畜而不违时者，鸡也，故工商执之。"

开始以为是王恽自己的创作，敬佩之情油然而生，后来又查到此文出自宋代陈祥道所撰《礼书》卷六十一，王恽只不过是信手抄在自己的书里而已。

再说礼物的事。为王者须布仁兴文，以帛和皮为贽礼，什么皮？应该是纹彩绚烂的麋鹿皮。卿和大夫执羔执雁，不赘。"士"的礼物是"雉"，俗称野鸡，有的地方叫山鸡；雄者尾巴长，羽毛赤铜色或深绿色，有美丽光泽；雌者尾巴稍短，灰褐色，不能久飞。

这里让人特别好奇的是，既然是雉，必难蓄养，那身为一个"士"，想要出一趟门，漫山遍野去抓一只雉，也是相当不容易的事，可要抓不到，岂不是失礼？

再说我们这些庶人，也还算方便，平时多养点鸭子是正经，要不但凡出个门子，连只嘎嘎叫的鸭子也拿不出手，岂不是很尴？

士农工商，地位在农民之下的是工商界人士，可怜的，连拿只鸭子的权利也没有，出门见个重要的客人只能胳肢窝下挟一只鸡前往。当然，换位思考一下，想见的人如果看见你送的鸡，就知道来访者的身份，人家不想见你，倒是可以从容地想个正当的理由了。

后来又看到说，古时主人受了贽礼，等客人离去时，仍然尽数奉还，礼物是象征性的，不能嫌拿来拿去的麻烦。时间长了，那鸡鸭也知道当礼物没有性命之虞，估计也能乖巧地配合。

只是臣下献给国君，卑下者献给尊长者的礼物是不奉还的。所以，普

历史的横切面
另类角度看中国史

通老百姓还是有蓄养鸡鸭的必要，否则可能"出不起门"。而身为一个士，平时得打几只雉在家里养着，以备不时之需。

现代人经常想穿越，那你穿越了不能不带点礼物吧？依咱的身份只配捉只野鸡或鸭子带上，问题是野鸡和鸭子能穿越吗？要是不能，你还得过去再置办，总之是很麻烦的，远不如现在发个红包来得方便。

✹ 参考书籍

《左传》《周礼》《玉堂佳话》《公羊传》《仪礼》《礼书》

在酒仙林立的盛唐，葡萄酒是怎样浪漫而诗意的存在？

感觉杜甫的一生都过得紧巴巴的，似乎没喝过什么好酒，总是凑合着喝点浊酒薄酒。比如那天，客至，"盘飧（sūn）市远无兼味，樽酒家贫只旧醅（pēi）。"家里确实穷，菜无好菜，酒无好酒，但朋友来了，该有的地主之谊不能缺，酒虽然差点，还是要喝一顿的。

有时候，朋友忽然来了，连"旧醅"之类的劣酒都喝光了，怎么办？只好向邻居大喊：你们家还有酒吗？——"隔屋唤西家，借问有酒不？"邻居家是实诚人，有！当然也没什么好酒，你也不用往过跑啦，把酒坛子从矮墙上给你递过去就行！于是——"墙头过浊醪（láo），展席俯长流。"这是夏日李公见访，杜甫办的尴尬又风流的事儿。

浊醪就是浊酒，家酿米酒，乳白色，不透明，故称浊酒。喝酒讲究的是人要投机，酒菜差点没关系。苏轼说得最专业：酒勿嫌浊，人当取醇。只要感情有，喝啥不是酒？何况杜甫也是个好喝酒要面子的硬汉，有人来了岂能放过？连日连月连年的腌臜心事沉郁得结了块，需要用酒来浇一下，所以——

"浊醪谁造汝？一酌散千愁。"

"艰难苦恨繁霜鬓，潦倒新停浊酒杯。"

历史的横切面
另类角度看中国史

"浊醪必在眼,尽醉摅(shū)怀抱。"

"钟鼎山林各天性,浊醪粗饭任吾年。"

不能从诗品看人品,但至少能看得出酒的质量高低。总之,杜甫翻来覆去喝的都是上不了档次的酒,应该也就是当时的大众消费水准吧。

但是他心仪的好朋友李白比他强,名气大,行情高,仿佛朋友遍天下,动不动就能喝上好酒。比如:"兰陵美酒郁金香,玉碗盛来琥珀光。"

"郁金香"是山东好酒,名满天下,用的原料是黍米,古老深井水制糊,酒色有琥珀的光泽。

他过终南山,也有老朋友盛情款待,喝得痛快:"欢言得所憩,美酒聊共挥。"

于是把酒向月说出心里话:"唯愿当歌对酒时,月光长照金樽里。"

从喝酒的行头上来看,"金樽"至少不会装杜甫喝的那些"浊醪"吧?那装什么酒呢?另一首《行路难》里有交代:"金樽清酒斗十千,玉盘珍馐直万钱。"

似乎是很奢华的场面,其实李白一生也不得志,是不是总能喝上那么好的酒,也许吹了一个小牛,算是艺术允许的夸张吧?"人生得意须尽欢,莫使金樽空对月。"不是吗?

人生得意,喝点小酒吹点小牛皮,正是男儿本色。个人感觉杜甫也在吹小牛,李白是往富里吹,他反其道而行之,使劲往穷里吹,其实他并不是总过得那么惨兮兮的。

话说回来,作者更关注的是李白喝的"清酒",其实还是一种米酒,只是酒精度高一点、透明度好一点,也还是小康殷实人家都能喝得上的酒。

那当时有更高级的酒吗?还真有,高级到老百姓见也没见过,李白一生应该也是仅喝过有限的几次，还专门写诗来表达自己的激动心情。那让诗仙如此钟情的，究竟会是什么琼浆玉液呢？

葡萄酒！在诗人如星汉灿烂、诗情如春草勃发的唐代，那是一种怎样浪漫而诗意的存在？

先得说说葡萄酒是怎么来的。

要说野葡萄，早在殷商时代，我们的老祖先就知道它能吃。

《诗·豳（bīn）风·七月》："六月食郁及薁（yù），七月亨葵及菽。八月剥枣，十月获稻，为此春酒，以介眉寿。"

这里的"薁"，是野葡萄，但不能以此酿酒，做"春酒"还是要用"稻"。后来风靡天下的葡萄酒，原料是欧亚种大葡萄，据记载传入中国是在汉武帝手里的事，张骞出使西域时从大宛带回来，距今也有两千多年了。诗人李颀的《古从军行》中写过："年年战骨埋荒外，空见蒲桃入汉家。""蒲桃"和"葡萄"及下文中的"蒲萄"等都是一个概念，不赘述。

据《太平御览》："（唐）高祖（李渊）赐群医食于御前，果有蒲萄。侍中陈叔达执而不食，高祖问其故。对曰：'臣母患口干，求之不能得。'高祖曰：'卿有母可遗乎？'遂流涕呜咽，久之乃止，固赐物百段。"

一个顶温馨的故事。皇上赐食葡萄，身为宰相后来被封为江国公的陈叔达自己不舍得吃，要拿回家去孝敬老母亲。他的老母亲可不是没见过世面的乡下婆子，她曾经是陈宣帝陈顼（xū）的昭容，所以陈叔达是陈后主陈叔宝的异母弟，曾经的天潢贵胄，但老母亲得了口干的病，却吃不上葡萄。

因为一片纯孝之心，陈叔达敢于抗旨，而唐高祖也竟然这么有人情味，问清了情况，感慨道："你还有一个老母亲可以孝敬啊！"估计这让他想起了自己已经过世的老娘，不禁悲从中来，还大哭了一场。无情未必真豪杰，这样的开国之君是有情有义的汉子，笔者很是佩服。

可见在唐初，葡萄还是极稀罕的物品，皇上才能拿得出手。既然葡萄这么稀缺，那葡萄酒当然更是极品。

即使这样，初唐的"五斗先生"王绩却没少喝葡萄酒，他写过《酒经》《酒谱》，精于品酒。他在《题酒家五首》中写道：

竹叶连糟翠，蒲萄带曲红。

相逢不令尽，别后为谁空。

很优雅的劝酒诗，相逢不醉空归去，洞口桃花也笑人。

王绩为什么能喝上这么名贵的葡萄酒？因为有地利，近水楼台先得月。再说王姓是山西望族，王绩是王勃的叔公，隐居在山西运城一带，而运城安邑生产的葡萄酒后来名闻天下。据李肇《唐国史补》记载，"酒则有……剑南之烧春，河东之乾和蒲桃"，"河东乾和"应该是目前所知我国最早的葡萄酒品牌。

葡萄酒在唐初还是顶级珍品，奢华不可方物，可走到盛唐，就不再那么高不可攀了。

在葡萄酒诗中，最荡气回肠的莫过于王翰的《凉州词》：

葡萄美酒夜光杯，欲饮琵琶马上催。

醉卧沙场君莫笑，古来征战几人回？

以身许国的将士们慷慨赴沙场之前能痛饮葡萄酒，则马革裹尸死而无憾。

  李白一度在江湖上快意行走，也在风月场上流连忘返。他在《对酒》诗中写道："蒲萄酒，金叵（pǒ）罗，吴姬十五细马驮。"可见，跟葡萄酒匹配的还是金酒杯和玳瑁筵，纸醉金迷。后人对李白有个评价叫"浪漫主义诗人"，呵！不置评，我的理解是分开更精确。"浪"是真的，《对酒》就是浪子歌；"漫"也是确的，《襄阳歌》就有汉江水化成酒的动漫级想象：

    鸬鹚杓，鹦鹉杯，
    百年三万六千日，一日须倾三百杯。
    遥看汉江鸭头绿，恰以蒲萄初醱（pō）醅。
    此江若变作春酒，垒曲便筑糟丘台。

  李白也确实有非凡的想象力，一江春水流成酒，一日须倾三百杯，还准备喝它一百年，浪漫到这个程度，千古也就此一人了吧？这里注意诗中有个比喻，说到葡萄酒，李白形容为"鸭头绿"，难道在唐代，人们喝的都是绿葡萄酒不成？

    金笳吹朔雪，铁马嘶云水。
    帐下饮葡萄，平生寸心是。

  读李颀的这首《塞下曲》，有一种很写意的印象，感觉最早的葡萄酒是用眼泪和鲜血酿就，似乎它天生就应该是红色的。《长安十二时辰》里，焦遂倒在鹦鹉杯里递给狼卫曹破延暖身的酒也是红色的。

但偏偏不是，唐代的葡萄酒多见的倒是绿色，绿葡萄酒！这倒是让我们有些吃惊。

据柳宗元《龙城录》载："魏左相能治酒，有名曰醽醁（líng lù）、翠涛，常以大金罂（yīng）内贮盛，十年饮，不败其味，即世所未有。太宗文皇帝尝有诗赐公，称：醽醁胜兰生，翠涛过玉薤（xiè）。千日醉不醒，十年味不败。"

意思是一代名相魏徵还是一名酿造葡萄酒的巧匠，他的酒名极雅致，"醽醁"和"翠涛"，存放十年，味鲜如初。

唐太宗喝了魏徵酿的美酒，赞不绝口，诗里的"兰生"说的是汉武帝时的百味旨酒，"玉薤"是隋炀帝的名酒，但这些好酒都被魏徵的葡萄酒打败了，他的酿酒绝技学自胡人，自称得大宛之法。

公元640年，唐太宗的大军攻破高昌，把西域的"马奶子葡萄"和酿酒方带回了长安。于是，太宗兴致勃勃地自己动手做了一把。

得益于魏徵的指导，太宗的皇家酒坊大获成功。据《南部新书》记载："造酒成绿色，芳香酷烈，味兼醍醐，长安始识其味也。"

据此确凿可知，魏徵所酿之酒"醽醁"和"翠涛"果然是绿色葡萄酒。如此，以前疑惑的"灯红酒绿"一词，仅从字面看也该能明白了。

忽然想到白居易脍炙人口的《问刘十九》："绿蚁新醅酒，红泥小火炉。晚来天欲雪，能饮一杯无？"那他喝的也是绿葡萄酒吗？这个可不是，两个好朋友的日常小酌，还是喝不上葡萄酒的，虽然白居易官也不算小。这里的"绿蚁"指的还是米酒，从说话的口气看，很可能还是白居易自己酿的。

《醉吟先生传》中称白居易也是一位资深的酿酒师，"岁酿酒约数百斛"。诗里写的也还是米酒的特点，杂质多，碎米、残渣等浮在酒面上，形成像蚂蚁一样的糟沫，时间稍长了就变成淡绿色，喜欢玩情调的诗人们就用"绿蚁"代指美酒了。

那白居易是不是喝过正宗的葡萄酒呢？当然也喝过，有诗为证：

酒钩送盏推莲子，烛泪粘盘垒葡萄。
不醉遣侬争散得？门前雪片似鹅毛。

这出自《房家夜宴喜雪戏赠主人》。还有"羌管吹杨柳，燕姬酌蒲萄"，这出自《寄献北郡留守裴令公》，诗里写的是裴度，但他与白居易过从甚密，没少一起喝酒。

从色、香、味各个角度来说，家酿米酒毕竟还是比葡萄酒逊色，问题是葡萄酒实在是太贵了，于是被勾走魂魄的诗人们就开始自己想办法。韩愈就开了小片地，亲自种葡萄酿酒了。

这位京兆尹大人用诗记录了他当时种植葡萄的经过：

新茎未遍半犹枯，高架支离倒复扶。
若欲满盘堆马乳，莫辞添竹引龙须。

诗里提到的"马乳葡萄"，主产地在山西太原的清徐，此地从汉代开始就酿制葡萄美酒了。

马乳带轻霜，龙鳞曜初旭。
有客汾阴至，临堂瞪双目。

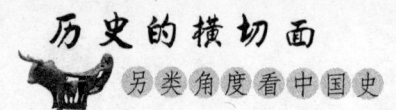

> 自言我晋人，种此如种玉。
>
> 酿之成美酒，令人饮不足。
>
> 为君持一斗，往取凉州牧。

这是大诗人刘禹锡《葡萄歌》中的句子，诗里还写了修剪、搭架、施肥、灌溉等辛苦程序，直到丰收酿酒。能这么下功夫，估计刘禹锡也是喝葡萄酒上瘾的主。

看到这里，感觉那些最富有才气的大诗人都在家里忙着种葡萄酿酒呢，这是唐代那些天才最风雅的事情了吧？

到最后忽然想起了一个小尾巴，在初唐王绩的诗里，"蒲萄带曲红"，说的应该是红葡萄酒，那说明唐代并不是酿不出红色，据说唐太宗就酿出了八种颜色的酒来。个人推测，当时大家都认为葡萄酒的正宗颜色应该就是绿色，很多赞叹美酒的诗里都写的是绿酒，这应该是那个时候的风尚。

✳ 参考书籍

《诗经》《本草纲目》《后汉书》《太平御览》《全唐诗》《龙城录》《南部新书》

红裙飘飘，难道是唐代青楼的制服诱惑？

要是不怕暴露年龄的话，20世纪80年代有一部好看的电影，名字叫《街上流行红裙子》，看完这，再看《红高粱》，红哇哇的一片，让我一个年轻小伙子眼晕好长时间。

后来就在课文里读到白居易的《琵琶行》，好词没记住几句，就是"钿头银篦击节碎，血色罗裙翻酒污"，总能引发无限的遐想。

再后来，看清代钱泳的《履园丛话》，赞叹这位八十岁的老汉竟然有那么敏锐的观察力。他写了一篇有关"红裙"的短文，说这是唐宋时候歌妓的工作服，还举了几个例子：杜少陵《纳凉遇雨》诗"越女红裙湿"、白居易《琵琶行》诗"血色罗裙翻酒污"（眼跳了一下没？）、东坡诗"更将文字恼红裙"。于是他说："则红裙者，唐宋时妓女所用。"

我还是有点不太相信，是不是他找到这几首是特例？就一头扎到唐诗里再找，结果就找出一大堆来，还别说，"红裙"在千百年前真有一段污史。"红裙女儿"，竟然就是歌妓的隐语，酸诗人们为自己遮掩秽行，又想写诗以示洒脱，这"红裙"就成了唐诗里一个隐晦的意象。

也有不隐晦开门见山直抒胸臆的，比如"眉黛夺得萱草色，红裙妒杀石榴花"。这是万楚的《五日观妓》，当然，您可以说，他写的只是一位

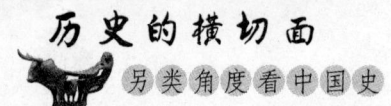

卖艺的乐伎而已。

白居易看来是很不老实也是很坦白的。他的《杂曲歌辞·小曲新词》"霁色鲜宫殿，秋声脆管弦……红裙明月夜，碧殿早秋时"，写的分明是歌伎；他的《江楼宴别》"楼中别曲催离酌，灯下红裙间绿袍。缥缈楚风罗绮薄，铮钹越调管弦高"，写的无疑是与歌女离别夜宴的场面；他的"几度听鸡歌白日，亦曾骑马咏红裙。吴娘暮雨萧萧曲，自别江南更不闻"，是追忆与歌伎美好的曾经拥有了。

韩愈在《醉赠张秘书》里描写了与歌女们开怀畅饮及时行乐的情景："不解文字饮，惟能醉红裙。虽得一饷乐，有如聚飞蚊。"（倒有禅意）

把悼念亡妻的诗写绝了的元稹看舞伎跳舞夜饮，起码眼神被勾跑了。在《晚宴湘亭》里他写："舞旋红裙急，歌垂碧袖长。"另一首《闺晚》写"红裙委砖阶……夜色侵洞房"，这洞房可是青楼妓馆中接待客人的房间，似乎把他的行踪也交代了吧？

李郢有一首《自水口入茶山》："蒨蒨红裙好女儿，相偎相倚看人时。使君马上应含笑，横把金鞭为咏诗。"这首诗写得直白，就是与妓女的缠绵悱恻，凭这首诗几乎就可以为"红裙"定性了。

哦，对，多情的白居易还有一句"郁金香汗裛歌巾，山石榴花染舞裙"，虽然没有直接写红裙，但是完全可以看出，在唐代，红裙几乎就是妓女的工作服了。

这个工作服就一口气穿到了宋代，除了苏东坡的那首诗，有一首很典型也很直接的证明诗，就是有人题给那些前去祭奠风流才子柳永的侠义妓女的，诗云：

乐游原上妓如云，尽上风流柳七坟。

可笑纷纷缙绅辈，怜才不及众红裙。

到了清代，似乎就无所顾忌了。《红楼梦》里王熙凤初会刘姥姥时"穿着桃红撒花袄，石青缂丝灰鼠披风，大红洋绉银鼠皮裙，粉光脂艳……"这位大家贵妇穿的就是大红裙子了。

钱泳也写："今大小百家皆服之。"只是他写了一个特殊群体反而不能穿红裙子，"今作妾者不许着红裙，此妒妇之立论，不可遂为典据。"为什么当小老婆的就不能穿红裙子？这到底是哪个妒妇的绝招呢？

✳ 参考书籍

《履园丛话》《红楼梦》《全唐诗》

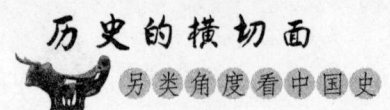

绝味的东坡肉都堵不住嘴？还顾上管人家的风流韵事？

提出这个问题的高人，肯定不是个好吃货。

想当年，在下还吃肉的时候，第一次在杭州艳遇东坡肉，一口气干掉一盆，厚着脸皮请朋友再点一盆，又风卷残云一样拿下，都顾不上人家笑话我没见过世面，哪里还想得起关心这肉背后的风流韵事？

糟心的是，后来可能是吃"顶"了，呃，所以现在已经不吃肉了。

可要说起东坡肉，我还是得竖起大拇哥。

问题来了，这么好吃的东坡肉真的是苏东坡发明的吗？还是跟他发生"风流韵事"的侍妾王朝云发明的？

还有一个问题是，中国人早就开吃猪肉了，孟子都说："鸡豚狗彘之畜，无失其时，七十者可以食肉矣。"可见在周朝时候猪肉已经是中国人的盘中餐，可为什么到宋朝苏东坡的手里，这道猪肉才出了名呢？

事实是，猪肉虽然也吃，但在古人的眼里，它属于下等货色，贵族人等根本不屑一吃。就比如那个偏安一隅的宋高宗，他在清河郡王张浚府上吃了一顿，地上窜的、空中飞的、水里游的都上了，他们就是不吃猪肉。

但平头老百姓得吃。《东京梦华录》称，每天有上万头猪被贩子们送入东京。《水浒传》里鲁智深打死的那个屠户，卖的就是猪肉，而且猪肉分类很细，都会切臊子了，呵！

真正能让猪肉堂而皇之地登上大雅之堂的，应该还是苏东坡。一般的说法是：苏东坡在杭州治理西湖时，创造性地发明了"小火慢炖"的方块肉，佐以姜葱红糖料酒酱油等，那才叫皮薄肉嫩，色泽红亮，味醇汁浓，酥烂不碎，香糯不腻！干活的民工们大快朵颐，叫好不迭，之后"东坡肉"的大名就风传天下。

苏东坡是个典型的高级吃货，有他的诗为证，比如《食猪肉》《老饕赋》《丁公默送蝤蛑（yóu móu）》《豆粥》《羹》等。其实在杭州为官之前，他被贬官到黄州的时候就已经知道了这种东坡肉的做法。

当时黄州人就不怎么吃猪肉，所以苏东坡写道："黄州好猪肉，价贱如粪土，富者不肯吃，贫者不解煮。慢著火，少著水，火候足时它自美。每日早来打一碗，饱得自家君莫管。"

推究一下，深受儒家思想濡染的苏东坡下厨去做猪肉的可能性并不大。《礼记·玉藻》："君子远庖厨，凡有血气之类弗身践也。"他应该是很会吃，但要说做猪肉的人，应该是对他不离不弃的红颜知己王朝云。

苏东坡因"乌台诗案"被贬为黄州副使，生活十分清苦。这期间，王朝云始终相随，无怨无悔。是她用黄州廉价的肥猪肉，微火慢炖，做出了香糯滑软的肉块，作为苏东坡常食的佐餐佳品。而苏东坡的长处是，能写诗来推广一下子，后来这好吃的肉就落在他的名下，正式称作"东坡肉"。

现在可以说说苏东坡和王朝云的所谓风流韵事了。

朝云自幼沦落，为西湖歌伎。天生丽质的她遇到苏东坡时仅有十二岁，但她聪颖灵慧，能歌善舞，有清丽出尘的气质，苏东坡很欣赏她，因而将她收为侍女。

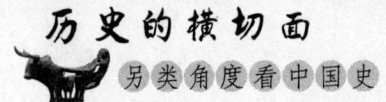

等朝云长到了十八岁时,苏东坡被贬黄州,就是她巧手做出东坡肉时,才正式收她为妾。

有人打了一个时间差,说苏东坡收了十二岁的雏妓云云,为吸引眼球当个噱头也就算了,但要真这么认为,可就猥琐了,以小人之心度君子之腹了吧?

王朝云后来又跟着苏东坡辗转到了惠州,时遇瘟疫,身体本就虚弱的她溘然长逝,年仅三十四岁。

宋代发明的多功能钟可秒杀布谷鸟报时钟，为何神秘消亡？

在绝大多数人的印象里，钟表是明末从西洋进口来的，还觉得是什么"碉堡"的发明，但是笔者今天想揭秘给看官的是，我们的老祖先在宋代就已经把钟表玩得出神入化了！

这里不能不郑重推出一位伟大的科学家苏颂先生。这位北宋的宰相大人带领一班人发明的钟表不仅能报时（这太小儿科了），而且可以进行天象观察（当时最高大上的天文水平），最吊诡逆天的是它可以演示。那它能演示什么呢？

把咱的脑洞开到无限大，也想象不出来苏颂等人所发明的钟表。准确地说，叫钟表太委屈了这个伟大发明，叫天文钟都词不达意，人家发明研制的计时器有一个更高档次的名字——水运仪象台。

这台神秘至极的水运仪象台设计了一个叫"昼夜机轮"的部分，机械计时靠它就轻松搞定。这里面有一个极富想象力的小木人（一定是卡通可爱极了），这个小木人很忙，到了一刻钟的时候，它得出来击鼓一次，到了一个小时的时候，它得出来摇铃一次，而到了两个小时即一个时辰了，它得出来很严肃地敲钟，同时，它还得像礼仪小姐一样举牌告示，现在是子丑寅卯等时间了！嗬！你以为这就足够高级了吗？别急！它到了晚上也不闲着，每到一个更次，它还得跑出来击钲一次！我的天哪！

我不得不在跪拜之后，对曾经很佩服现在又很鄙视的西洋布谷鸟报时钟大声说："你简直弱爆了！"

这台水运仪象台有一组"铜壶滴漏"式的机械装置，在一个木架子上设有两个水槽，高的是天池，低的是平水壶，平水壶中的水流入全台机械结构的原动轮——枢轮的水斗。枢轮是由三十六个水斗和钩状铁拨子组成的由水力推动的机轮。枢轮上的"枢权""格叉""铁拨子""关舌""天衡"等机件组成一个巨大的机械擒纵器，这就是最关键的了，这个擒纵器正跟现代钟表里的关键机件——锚状擒纵器（俗称卡子）作用相当。

所以，可以毫不夸张地说，水运仪象台中的擒纵器正是现代钟表的祖先！

英国科技史专家李约瑟在研究了水运仪象台之后，承认中国早在欧洲发明钟表装置之前，"就已经有了装有另一种擒纵器的水力传动机械时钟。"不信？去看《中国科学技术史》第四卷的433页。

著名的国际钟表大师矫大羽向全世界首倡提出："中国人开创了钟表史——是中国古代五大发明之一。"因为14世纪出现机械钟表以来，虽然它们的动力来源可能不同，如重力、金属弹力（发条）等，但是擒纵结构原理却是一致的。

那为什么这么神奇的水运仪象台没有传下来并发扬光大呢？

元代有位大科学家叫郭守敬，他把充分成熟的机械计时器从天文仪器中分离出来，制造了大明殿的机械水力计时器——灯漏，而到了元顺帝的时候，他又添加了更多的技巧装置。

最倒霉的就是这个时候朱元璋坐了江山,他见了这东西竟然认为是"奇技淫巧"。当皇帝的一句话,就让这神奇的发明有了罪,稀里糊涂地被彻底销毁了。

朱皇帝到底是对是错,该怎么来定?唉!反正我是长长地叹息了一声!

❈ 参考书籍

《苏丞相颂墓志铭》《故观文殿大学士苏公行状》《东都事略》《宋史》《八闽通志》《闽中理学渊源考》《中国科学技术史》

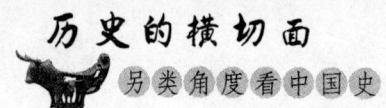

太原最著名的物产不是醋，竟然是它？

提起过去的太原府，都说宁化府醋好，清和元头脑好，晋祠大米好，还有六味斋的酱肉，双合成的糕点等，可要我说，太原府名气最大的还不是这些，历来被文人墨客吟咏不绝的是——可称之为"天下第一刀"的——不仅可以吹毛断发，还可以剪离愁、剪春色、剪秋光的"如水并刀"啊！

让"并刀"名传天下的，首推杜甫的诗句："焉得并州快剪刀，剪取吴淞半江水。"但是最上口的，当是周邦彦的"并刀如水，吴盐胜雪"。其他文人诗词中写到并刀的还有一大箩筐，不再枚举。也许有人会说，文人的话，人云亦云而已。那好，太原有那么多与这并刀神器有关的地名都还硬邦邦地立着，大铁匠巷、小铁匠巷、后铁匠巷、大剪子巷、小剪子巷。呵！还有镔铁坑、铁菊巷和剪子湾呢！这些，难道不是当年并州人制作天下好钢好刀的铁证？试问除了太原，还有哪个城市有这么多的地名能与铁器制作有关呢？

我要说在战国时期太原一带就已经是中国的冶铁中心，有人不服，但是我们一些战国老百姓的墓中也出土过不少铁器，就能说明问题。汉唐时期，锦绣太原是响当当的大都市，冶炼一直技压群芳，这才引来了那么多诗词的赞美。何况，到了宋代，晋祠铁人就活生生地挺立在那儿了，谁要再不服，跟它们对视一下试试？

所以……并州怎么就能不出好刀呢？既然是好刀，如何好呢？标准是：切肉不粘刃，砍骨不卷刃。当然，能生产好刀，也一并出好剪刀，锋利自不必说，要的是剪布不毛边，剪毛不粘锋，要不怎能得到杨贵妃的青睐？有人说，这都是生活所用的手工业品；但是依我的想象，当年那些于万马军中斩将搴旗的并州游侠，若没有一把夜吟匣中的宝刀利刃，何以傲啸西风，快意恩仇？再说，隋朝末年，李世民从太原起兵，他李家的百战雄师，手里怎么能少得了向为兵器之帅的大刀呢？唐刀似惊鸿一瞥，而陌刀阵曾经令四方胆寒，李世民的军队所向披靡，难道不是这并州的精钢快刀让他如虎添翼？

正因为有了如此享誉四方的快刀，才给了诗人无穷的想象。陆游的《秋思》诗："诗情也似并刀快，剪得秋光入卷来。"宋代黄孝迈《湘春夜月》词："这次第，算人间没个并刀，剪断心上愁痕。"元代杨维桢的想象更加瑰丽无匹："便欲手把并州剪，剪取一幅玻璃烟。"真有一把并刀在手，他都要把纵泻而下的庐山瀑布一剪为二了。

有人说，这岂不是又发思古之幽情了吗？昨日之日不可追，就像铁菊巷里当年铁水飞溅，犹如菊花盛开，那般景象恍若隔世一梦；就像铁匠巷里的铁匠在炉火边小憩，一觉醒来，满大街都是电子产品了。

总之，太原的前人应该是无愧于他们的时代的。然而今天，太钢，其产品用于三峡大坝和各核电站，新型材料已进入神舟系列飞船和嫦娥探月工程；太重，是中国最大的起重设备生产基地、最大的挖掘设备生产基地、最大的航天发射装置生产基地，它创造了三百四十项中国和世界第一！溯本追源，这一切正是代代相承的技艺和匠心。

所以，仅从这一点来说，当今天的太原人跪在先人的面前，饮水思源，要虔诚地拜倒在地，而后，还可以自信且自豪地抬起头来，无愧地迎视先贤的目光。

✱ 参考书籍

《太原府志》《全宋词》

溯源安泽大叶茶，原是齐鲁大地的风尚

不喝酒也不抽烟，在这个世界上混迹了五十多年，一步步远离了肉食葱蒜，生活越过越简单，但也保留了一个爱好，就是喝茶。

从记事开始就喝茶了，倏忽半辈子，从最原始的茶喝到各种流派的茶再回到最质朴的茶，在舌尖上洗尽铅华。

点茶焚香本是风雅文人的韵事，我说从小就开始喝茶，似乎是"附庸"得太早，一个小屁孩哪里懂得什么喝茶？但我确实在五六岁就跟着大人们喝茶了。

厚道的民风，好一幅瓜棚野茶图

我出生在临汾的安泽县，在当地，喝茶历史悠久。俺们常说，不喝大叶茶，不能算地道的安泽人吧？

大叶茶是日常生活的必需品，不管家里有没有客来，少者一天一壶，多者一天两壶三壶，再正常不过。比如父亲，在安泽工作几十年，有了茶瘾。每天午后睡起，母亲必然已经烧好一大暖壶开水，一壶酽酽的茶水喝足，老人家才能精神抖擞地去打理他的宝贝菜地。

安泽人很少有干坐着说话的，不管去了谁家，也不管认识不认识，主

家都高高兴兴地给沏茶,这是淳朴厚道的民风。大叶茶家家必备,客来坐定,主家要做的第一件事,就是洗壶抓茶。

忽然想起早年的时候,有的人家没有暖壶,来客泡茶急用开水,他们用过爨子,白铁或铜做的,像一截烟筒,有个把儿,插在炉火口,烧水极快。

开水来了,热气腾腾直冲入壶,然后再斟茶,边喝边聊,这是安泽每天随处可见的光景。

有关大叶茶的记忆,印象最深的是,高中毕业那年骑车到唐城,过了和川,日高人渴,唇焦口燥。忽然看见河滩的瓜地边上,有几个老汉在棚子底下喝茶拉呱,怯怯地上前,表示想讨一杯茶喝。几个老汉热情招呼,说瓜不能白吃,茶管饱喝!

当时几杯茶下肚,那叫一个解渴,那叫一个痛快!

多少年了,忘不了那一幕。后来读历史,每说到盛世太平景象,我的脑子里就会浮现出这样一幅"瓜棚野茶图"。

朴素的茶道,没有"七分满"之说

喝茶有了历史,自然就有了文化、有了道。

总结安泽茶道,最精髓的,是简单。

简单到何种程度?一个壶几个杯,烧来开水就能过茶瘾。早些年,有人家甚至连茶壶也买不起,用一个带盖的搪瓷缸子权当壶来泡茶。虽然倒茶没那么利索,也烫手,但茶毕竟是喝上了。

现在日子好过了,茶器本可以很讲究,但安泽人并不在外道上下功夫,要的是味道。

而且简单并不表示简慢,相应的功夫还是自然而然地存在着。

客人入座，先洗壶，就算茶壶很干净，也用开水烫一道。

接着温杯。茶杯在安泽，俺们只叫茶碗儿，早年流行那种单耳白瓷碗儿，这两年不多见了。大叶茶要趁热喝，茶碗儿太凉不行。温杯既是礼敬，也是需要。

接着投茶，抓一大把茶入壶，少了实在显得小家子气。

接下来注水，必须是滚烫的开水才好。

开水入，坐壶片刻，俺们叫"焖一焖"。

然后要复壶，倒出一碗儿茶后再打开盖倒回壶里，使茶汤上下翻腾，更均匀。

接下来正式斟茶，茶碗摆开，从第一碗开始并不倒满，主家得根据经验，把茶汤分匀。壶中水尽，马上加水，再依次给各茶碗儿中斟茶，直到加满，客人就可以喝茶了！

注意，安泽人的茶是加满的，这里没有"七分满"之说，茶碗儿不满是对客人的不敬！所以，客人只要喝一口放下茶碗，主家眼观六路，必须给客人随时加满。这里确实有古风的遗存，走了不少地方，都未曾见过。

再注意，茶壶嘴不对人。人少，壶嘴总对着空位；人团团而坐，主家会让壶嘴对着自己。

客人喝好了，倒掉茶根，扣了碗儿，主家劝过之后才不再续茶。

简单，没有那么多条条框框，是一种恰到好处的舒服感。

踵事增华，容易；删繁就简，倒是生活的真谛。

浓烈的香气，从遥远的齐鲁大地飘来

茶道讲完了，那大叶茶到底是一种什么茶？

先观茶形，叶大梗长，这是被俺们叫大叶茶的缘由。

再看汤色，初泡深黄显褐，渐次橙黄清澈，所以追溯大叶茶的源头，属于黄茶。

再闻其香，是一种浓烈的老火香，也有人叫焦香。不能不说一句，让多少人流口水的就是这股特有的焦香。如果茶没有冲出这个味儿来，安泽人会很婉转地说："欠点！"

再品其味，浓厚醇和，回味悠长。老茶鬼们在茶碗儿的边儿上把嘴撮起来，吹走浮沫和茶梗，然后吸一口长气把茶水嘬进嘴里，还在嘴里转圈。你看他眯着眼睛，像是醉了一样。

最后说功效，大叶茶性和不寒，提神清心，消暑解乏，还可以消垢腻、去积滞。安泽人如果吃了硬菜硬饭比如焖面大肉，一壶大叶茶是标配，喝过了瘾，开路。

此时就有一个很奇妙的问题，安泽本地并不产茶，大叶茶从哪里来？

答案在迢迢千里之外，安徽的霍山、金寨和六安等地，都生产这种香高汤厚的大叶茶。

接着是一个更迷惑的问题，大叶茶怎么会越过千山万水跑到山西来，还只流行在以安泽为中心的几个县？

这事困扰了许多年。

后来偶然发现，安泽有不少的村子都是地道的山东口音。有人统计，仅和川村就有一千多人是山东移民，而且他们的祖籍都指向了同一个地方：莱芜！

从光绪年间开始，他们的祖上一路逃荒来到这里。安泽敞开博大的胸怀接纳了他们，开荒种地，繁衍生息。至今，他们的口音与莱芜仍然一模一样。

当我们的目光追溯到莱芜的时候，竟然发现了大叶茶。

在那里，他们叫黄大茶，更流行的叫法是"莱芜老干烘"，产地就是安徽霍山一带。"莱芜老干烘"的历史，可以上追到明代隆庆年间。

这样我们就能理解大叶茶并不是隔空飞来的，而是跟着莱芜人的脚步，从齐鲁大地辗转来到了安泽。

如此说来，大叶茶至今有四百五十年的传承了。

什么时候约几个爱茶的老乡，一起到莱芜再转道安徽去寻茶，摸一摸大叶茶的根儿，也是一件让人向往的事。

家乡的茶里，泡着几十年的挂念

安泽家家喝得起大叶茶，因为价格亲民，原来是八毛钱一斤，后来涨到几块钱，现在好点的也就几十块钱。

它品级并不高，俺们也知道这只是粗茶，泡好了殷勤端给客人，不敢说"请用茶"，只实诚地说："喝水，喝水！"

但是敝帚自珍啊，出门几天不喝大叶茶，有瘾的人就会觉得失魂落魄。曾经有人带茶出门，但是外地的水想泡出那种特有的味道来，太难了！后来明白，安泽的水碱性大，水硬，倒跟大叶茶是绝配，所以当年从莱芜流转到这里，才能落地生根，开花散叶。

上大学离开安泽，一转眼三十多年。

曾经在广东住了几年，学会喝工夫茶。当时喝的是凤凰单丛，"关公巡城""韩信点兵"，客家人一丝不苟，冲出的茶香气袭人。

后来，喝了好几年铁观音，只要茶对水好，兰花香也让人销魂。

再后来，朋友的父亲在武夷山做茶，爱上大红袍一发不可收。那又是多种蚀骨的香型，有时候能让人两腋生风，腾云起雾。

这些年我又喝回凤凰单丛了，与大叶茶交替着喝，买来的山泉水也还可以。

大叶茶是喝的，工夫茶是品的，各走各的路线，没有高下之分。

知堂老人说："喝茶当于瓦屋纸窗之下，清泉绿茶，用素雅的陶瓷茶具，同二三人共饮，得半日之闲，可抵十年的尘梦。"他说的是南方，我们无福消受。

在安泽，如果有一日，窗外北风呼啸，大雪漫天，三五个老友围炉而坐，火炉上坐着一个大铁壶，摆个小桌，浓浓泡一壶大叶茶，说古论今，俯仰吟唱，一室皆春。

如此，可抵我三十年尘梦。

就是大家都不说话，单听着铁壶发出的嘶嘶声响，在徐徐升起的水汽里，也感觉凝滞了思想，忘记了时光。

来山西太原，四百年的"头脑"你敢吃吗？

山西面食大家都知道，来游玩的人大概也都吃过，但要是说起"头脑"来，有人可能会吓一跳，这么奇葩的名字？真是某种动物的脑子吗？看官如果有兴趣，听喝过多年"头脑"的在下给您慢慢道来：

第一是名字有特点。光"头脑"这两个字就让你愣三秒钟，其实还真不是什么脑子之类，哪里有那么血腥？人家其实是一种滋补的上佳食品，还有一个传统的名字叫"八珍汤"。古人的智慧在这里了，一听就让人心生好奇，不吃也能记住，人间竟然还有这么奇葩的美食名字。

第二是用料有特点。既然是滋补美食，又叫八珍汤，用料当然要考究。"头脑"里精选的是羊肉、羊髓、酒糟、煨面、藕根、长山药、黄芪、良姜这八种食材，经过特殊工序熬制而成。

这八种食材和药材是高人经过精心配制的。羊肉味甘性热，补虚开胃；藕根清热化痰；山药补脾除湿；黄芪味甘性温，补脾健肺；良姜味辛性热，温中下气，暖胃消食。这一碗热汤，那就是一剂温补不腻，爽滑可口的药饵。太原人有福气，大早晨起来美美地喝上一碗头脑，既充饥活血，又营养滋补。

第三是时间有特点。太原人吃"头脑"是讲究养生学的，就跟着节令走，一般是从头年的"白露"吃到第二年的"立春"，其他时间"头脑"

就适时而隐。毕竟是补的东西，大夏天吃谁也受不了。有些老人买了年票，吃一个冬季下来，能吃得身强体健、红光满面，脑门子上看着冒油，"头脑"的功效名不虚传。

第四是吃法有特点。您要是来吃"头脑"，直接端起大碗甩开腮帮子开吃，那可就外行了。吃"头脑"还有药引子呢？诶！就是这么讲究，"头脑"的药引子是一份很咸很咸的腌韭菜！个人经验，汤要出味，没有这份腌韭菜还真不是差一点。配上腌韭菜，一碗本来平淡无奇甚至甜腻腻的汤就生动活泼起来，像是有了灵魂一样。这碗汤就是这么神奇，主食搭配还有隔条街都能闻到香味的稍梅，羊肉馅的，佐以宁化府的醋，真能香掉人的下巴。可你以为这就是顶级享受了吗？才不是，如果有点酒量还不开车，你怎么能不来二两四两黄酒，直接把自己羽化成神仙送上云端呢？

第五是创始人有特点。这么好吃讲究的东西能发明出来的人必然不凡，那当然！此人姓傅名山，是位人间奇才，哈！有人说，是《七剑下天山》的傅青主吗？还真就是他的原型。傅山文武全能，精通医术，诗词书画精绝，是几百年也出不了一个的绝代人物。有人说傅山给饭店题匾为"清和元"，把"八珍汤"改名为"头脑"，是暗藏着反清复明的寓意，那还需要再探究，其实"头脑"早就有了，《水浒传》里已经有去"赶碗头脑"的说法。也有人说，傅山是个大孝子，是为了孝顺老母亲才费尽心思研制出了"八珍汤"。不管怎么说，能喝上这碗神仙汤，得感谢傅山。

要是央视再拍《舌尖上的中国》，强烈推荐山西"头脑"，既是美食，又饱含着历史文化，这才是中国人舌尖上的财富。

物华溯源

中国人发明留声机比爱迪生至少早一百年？

中国人聪明世所共知，制造一些精巧的小玩意儿向来令外国人咋舌。有好多东西确实曾经做出来了，但往往被正统的道学家认为是"奇技淫巧"而毁掉。比如在袁枚的笔记里，他的一位朋友的同学就是一位能工巧匠，他最早发明了留声机，可以录下人的声音，比爱迪生发明的留声机至少早一百多年，那他的东西为什么没有传下来呢？

先来了解一段历史：1857年，法国发明家斯科特发明了声波振记器，这是最早的原始录音机，一般人认为这是留声机的鼻祖。1877年，爱迪生发明了一种录音装置，可以将声波变换成金属针的震动，然后将波形刻录在圆筒形腊管的锡箔上。当针再一次沿着刻录的轨迹行进时，便可以重新发出留下的声音。

1907年，丹麦的波尔森发明了钢丝录音机的直流偏磁法，使录音机进入实用阶段。1935年，德国通用电气公司制成磁带录音机。这是国外有关录音机发明的大致历史。

但是要说这是留声机的鼻祖未免太托大了点。在清代袁枚撰写的《子不语》里，他写到了真正留声机的开山祖师，他叫程嘉荫。按《子不语》成书于乾隆五十三年前来算，那就是1788年前，比法国人斯科特发明的

107

声波振记器至少也早了半个世纪。

"嘉荫有巧思，性好道，与范羽士交，得其《奇器录》一本，能为木牛。"意思是说程嘉荫也能做出诸葛亮的木牛来。这还不足为奇，奇的在后面："亦能造寄话筒，筒间寸许，有闸隔之，内有机闭气。人向筒语毕，则闸之。闸有次第，若乱开，则不成句矣。据程云：'此法可贮百日，过百日，则机微气散。'"

这其实就是正宗的留声机，它能把声音收藏在一个形似于排箫的装置里，然后根据录音的先后打开每个声筒，就能够听到成句了，其缺点是声音只能保存一百天。

1877年爱迪生录制了他所唱的《玛丽有只小羊》的歌词："玛丽抱着羊羔，羊羔的毛像雪一样白。"这八秒钟的声音一直被称为世界录音史上的第一声，因为确实有很多人见证。非常可惜的是，程嘉荫录下的声音至少要早一百多年，却随着他英年早逝，这个声音也跟着他消逝在历史的长河之中。

所谓"情深不寿，慧极必伤"。程嘉荫为了搞发明用尽了心机，年纪轻轻就吐血而亡。他的父母在悲伤之余，担心他的弟弟再走他的路，就将他的书全部烧毁。

他的发明应该只有两个归宿，一是随着他埋于地下，二是随着书焚于熊熊大火。

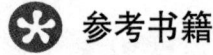 参考书籍

《子不语》

文化管窥

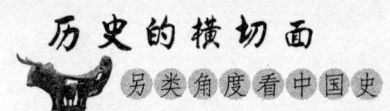
历史的横切面
另类角度看中国史

读了卖豆腐的和剃头匠的诗，有多少作家考虑封笔了？

写出好诗，靠天赋，也靠努力。好诗能不能流传于世，除水平之外，很大程度上还得看运气。

就像书法绘画，成名成家都有偶然性，历朝历代埋没了多少高人，车载斗量，无法统计。

诗并不只属于庙堂，能把诗写好的大有人在。今天要给大家推介的诗就写得让人拍案叫绝甚至难以置信，因为写诗的人并不是身着长衫、手摇羽扇的才子，而是一些社会最底层的老百姓。

有文人把老百姓的诗叫打油诗，但这些诗人还真不是打酱油的，就算是诗仙诗圣诗佛诗魔来了，也不敢稍有一分的轻视。

咱们一起来看：

第一位是秀水的钱梅，卖熟肉的，每天挑着两个竹筐，里面是猪头肉、羊杂、鸡爪和鸭脖之类，或者走街串巷，或者就摆摊儿在韭溪桥下。

且看他的诗，《登凌秋阁》有句：

江涵斜日千砧急，人倚西风一剑寒。

诗意清拔脱俗，骨气奇高，隐然有侠士之风，有将帅之概。一个肉贩，心雄万夫，您能信吗？

此人酷爱作诗，奈何家贫无以为生，只能以卖熟肉为业。他的竹筐下，经常压着抄录出的诗作，偶然遇到不俗的主顾就以诗赠之。

这是卖肉的，好诗不能不赞。但嘉兴有个卖豆腐的却不服，他也有好诗，其《和王墨庄移居》诗云：

占断清阴数亩赊，水村茅屋作烟霞。
先生不种门前柳，渔父空寻渡口花。
春暖闻莺初晒药，月中放鹤自煎茶。
世人那得知名姓，此是方壶隐士家。

诗句清丽平和，却雅意深笃，如青松之拔灌木，白玉之映尘沙。诗中的王墨庄，怎能不使人生向往之心？作者是郁心哉，字秋堂，住在乍浦，还真是以卖豆腐为业，自号"粗粝腐儒"。一个"腐"字，个中有多少痛与恨，谁人得知？

说完卖豆腐的，接下来打饼子的要粉墨登场。

此人是海盐张炎，字淡玉，曾经在平湖清溪一带卖饼为生，每天挑着自己的一套炉灶，行吟于村落之间。

偶然得到佳句，张炎就跑到村里找读书人家"索笔砚书之"，身后打好的饼子被村童们抢劫一空，全然不顾。他的名句出自《咏白菊》：

老圃月三径，晓霜秋一篱。

宛转相承，字字珠玑。如果不知作者，笔者必以为是年过古稀的硕儒之作，烟霭天成，境玄思淡，非老辣之国手不为。

接下来说的是南汇张宏，字野楼，从小就爱写诗，也有不少佳句，因为嗜酒，把家里的光景都喝败了。同样爱酒，李太白斗酒诗百篇，人传为佳话。张宏爱酒，也爱写诗，却困顿不能自给，后来找了个安身立命的活计，给人看守大门，当了门房。

他的《春日吴门道中》云：

渡江三日雨，寒食一村花。

清音悠远，浑然天成。

《登闸港桥》云：

风阔片帆来极浦，天空一雁度斜阳。

风华清靡，卓尔不群。

华亭还有一位狱卒名朱铎，字愚谷，爱书成癖，诗词亦工。

其《怨歌》云：

昨夜春风来，庭前弄颜色。
不用下珠帘，是侬旧相识。

短短二十字，尽得乐府神韵，让人怀疑此人是否六朝穿越而来，"文温以丽,意悲而远",不能不使人惊为绝品!

还有一位甘泉汤振宗,字绣谷,负才不遇。他曾经是盐店的伙计,往来于赣楚间,苦吟不辍。

其《答唐淡村》云:

风雨空庭花落后,江湖秋水雁来初。

出手不俗,尤其上句值得玩味,但下句似乎平而无趣。

但其《即事》云:

华发无情催客老,青山不语看人忙。

这一句却是拈断数茎须得来的!诗意冲澹深粹,出于自然,语皆实际,不见绳削之迹。

接下来要看两位剃头匠的诗了。

第一位是平湖陈文藻,字愚泉,其《游僧院》云:

看花香引路,坐石藓侵衣。

其《郊行》云:

渔艇迎凉依柳泊,村鸡报午隔花啼。

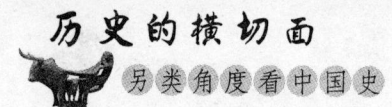

《秋日同人村店小饮》云：

负山茅屋松成径，临水渔庄竹拥门。

寓情于景，情景交融，吐纳珠玉，卷舒风云。

另一位是钱塘阮松，字秋山，间作小诗。

其《雨夜怀友》云：

听到更残倍寂寥，西风送雨转萧萧。

空山一夜泉流急，人隔前村旧板桥。

清妙有神，意趣盎然。

这些诗都来自浙江，来自有心人的记录，如在其他地方，估计也就烟消云散了。

清代武康（今浙江德清）人徐熊飞，字子宣，号雪庐，嘉庆九年（1804）甲子举人，曾向秦瀛、姚鼐学古文，是桐城派的代表人物之一。正是他采辑了当时的这些被称为"杂流"的诗作，结为《锦囊集》二卷，遂得以流传。

此诗家之幸，亦今日我辈之幸。

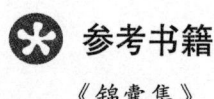 参考书籍

《锦囊集》

文化管窥

闭门造车：圣人何以不行而知，不见而明，不为而成？

前些年，有人献一计准备根治贪腐，打开锦囊，共有五个大字："一律用太监"。意思是建议我们的干部队伍全部用太监，还附了三条"过硬"理由：一可以杜绝性丑闻；二可以根除"官二代"；三可减少想当官的人的数量。

粗看之下，似乎也是造了一架可以驰行天下的大车，细琢磨，无非是东方朔的良苦用心，讽刺一下而已。谁不知道，太监坏起来才叫个坏，贪起来才叫个贪！那十常侍之流，魏忠贤之类，哪个国家来几个这样的也受不了哇。

如果非要批评一句，这位兄台就是闭门造车了，都什么时代了，造这种往回开的历史大车，不翻沟里才叫怪。有人说也不能这么嘲讽人家不是？毕竟是为国为民的好心肠嘛！

说到"闭门造车"，一直以来觉得似乎不是个什么好词，大概跟呆傻愚笨沾亲带故，后来认真查了一下，倒抽了一口凉气：当初人家可是满满的褒义、满满的正能量、满满的智慧呢。

"闭门造车"最初的用法出自佛家，在宋代道原所著的《景德传灯录·余杭大钱山从袭禅师》里，有弟子问从袭禅师："闭门造车，出门合辙；如

115

何是闭门造车？"禅师当即就质问："造车你倒不问，却怎么生出这么个辙来？"禅师一语双关，看弟子能不能领悟，破了他心里关联的物相，但是弟子却不明白，禅师既不能截断，只好再进一步启发："巧匠施工，不露斤斧。"

取法自然，化于胸中，不露痕迹，到哪里也合辙。学习佛法，哪里止于闭门造车？还不止于不露斤斧。车也舍了，法也舍了，大道通天，哪里的辙都合，什么地方去不得？

原来"闭门造车"也是被后代的懒人们截留乱用了，后面本来还跟着四个字："出门合辙"。古代的车，两轮之间的距离是固定的，大概就是六尺，造车的人心里有数，只要按着这个规格来，就算是关起门来造的车子，出门也能合辙行驶，任意西东。

这个一千多年前的词语确实是描绘了标准化的好处，本来确属好义，但是架不住后人不理解，断章取义，只用了前半部分，最后就演化成一个凭着主观想象办事，脱离实际的闷着头蛮干的贬义词了。

突然想起来一个跟这个词语相关的过气热词："方向不明决心大，办法不多干劲足。"要是一个闭门造车的人再有这样冲天的豪情和干劲，想想也挺可怕。

说起来好笑，法国人当年真就这么干了一回，憋着劲儿造出一辆长达700公里的大"车"来。

在第一次世界大战后，法国人开始未雨绸缪了，这真没什么错，军方开始研究如何防御两个坏蛋邻居德国和意大利。1930年，新的国防部长马其诺先生出炉了。这位姓马的先生似乎擅长拉车，于是就决意在跟德国和意大利交界的边境上建造一个相当宏伟的防御工事，这就是举世闻名的"马其诺防线"。

整整一年的法国财政预算全都砸在这条线上了，工程总造价近五十亿法郎。

马其诺防线全长绵延达七百公里，法国人在这条线上的干劲也太足，一组组相互独立的防御工事纵横交错，每一组工事包括一个主体工事和一些观察哨所，相互间以电话联系，工事外面则密布铁丝网，这个几乎坚不可摧的防线用中国的成语"固若金汤"来形容一点也不为过。而且，工事内粮食和燃料的储存一般可坚持三个月。如有战事，各观察哨所可用潜望镜观察敌情，随时将情况用电话报告给指挥部，而炮塔内的炮兵钻在三米厚的水泥工事内，接到指挥部的命令就直接开炮，玩命轰他个德国鬼子！

当马其诺先生躺在这个登峰造极的防御工事里扬扬得意的时候，万万没想到，1940年5月，狡猾的德军竟然攀越阿登山区，穿过比利时之后，一个迂回，就绕到他的防线的屁股后面去了！

德国人很快就占领了法国全境。这条被吹得像神话一般的马其诺防线最终成了无用的摆设，它依然宏伟地矗立在那里，达到了对闭门造车的马先生完美讽刺的效果。

世事轮回，马其诺防线也不是一无是处，牛溲马勃，也可才尽其用，它后来成为法国著名的旅游景点了。

有人说"闭门造车"出自宋代朱熹《中庸或问》卷三，但是他的话里明明说的是："古语所谓闭门造车，出门合辙，盖言其法之同。"怎么就不看"古语"二字？何况，前文中的从袭禅师应为唐末五代时人，必比朱熹早。

在《续传灯录·端裕禅师》中："一法不堕尘缘，万法本无挂碍……

直饶恁么，犹是闭门造车，未是出门合辙。"怎么理解呢？从"闭门造车"到"出门合辙"还有无量无边的距离吗？

那端裕禅师所说的境界，又是否与老子暗合呢？《道德经》第四十七章："不出户，知天下。不窥牖，见天道。其出弥远，其知弥少。是以圣人不行而知，不见而明，不为而成。"

"不行而知，不见而明，不为而成"，似乎太高深莫测了，我们还是说点身边的事，看看一个小屁孩是如何克服闭门造车从而与时俱进的：

历史老师："有谁知道古代女人为什么要裹脚吗？"全班陷入沉思。

小明大声道："怕她们逛街。"

老师有些不高兴地接着问："那么现在女人为什么不裹脚了？"

小明继续回答说："现在有了微信支付，裹脚也没用！"

老师：……

❋ 参考书籍

《景德传灯录》《续传灯录》《道德经》

相由心生：四十岁的人为什么要为自己的长相负责？

1860年11月6日，林肯当选为第十六届美国总统。他是第一位共和党总统。对这位传奇总统，除了他的丰功伟绩，我还记住了他说的一句话："一个人到四十岁的时候就要为自己的长相负责。"

这句话与《论语》当中的一句非常契合，就是《阳货篇》所提到的："年四十而见恶焉，其终也已。"就是说一个人到四十岁的时候还是被人讨厌，也就无可救药了。当然这是针对男人而言的，如果再结合自然规律和生理因素，一个女性差不多三十岁，就应该对自己的长相负责了。

为什么要这么说呢？先辈告诉我们一个真理就是相由心生。一个人的外貌与他的内心思想密不可分，外貌多数是内心思想的外在显现。如果一个人起嗔恨心，那么他肯定面目可憎，叫人厌恶；如果一个人起慈悲心、柔软心，那么他的外貌肯定和善，叫人心生欢喜。对此，一位西方的心理学家说："你的心态是什么样子，你的生活就会变成什么样子，你的命运就会成为什么样子。"

一切起心动念、心态性格、言谈举止经过几十年的日积月累，最终在脸上留下印迹，并且日渐明显。岁月经常被人形容成是一把雕刀，是公正无私的，它会在人的脸上慢慢地刻出内心的影像，但是执这把刀的正是人自己，是自己经常流露出来的面部表情及言谈举止。

多忍辱、少生气的人，脸色自然好看。《佛说罪福报应经》记载："为人丑陋，喜嗔恚故。"说明长得丑陋的人，是由于前世喜欢生气怨恨之故。"为人端正，颜色洁白，辉容第一。手体柔软，口气香洁。人见姿容，无不欢喜，视之无厌。从忍辱中来。"这说明，那些长得端正白净、容光焕发、身手柔软、人见人爱、令人观看不厌的人，是修忍辱的结果。

俗话说，观音菩萨，年年十八，这才是不老的传奇！这种"相好"记载着菩萨累世修习的信息。古往今来，一些相士通过人的色与质，可以看到一个人的命运前途。其实相术只是一种经验的积累，相由心生，由脸观心念，由心念知未来。

性情温和的人皮肤细嫩，脾气暴躁的女人则容易生横肉、色斑，心机太重之人的相貌绝无可亲，拥有一颗纯净心的人容貌清朗，其秘密就在起心动念处。以念头与命运的关系来说：念头久了就演变为情绪，情绪久了就演变为性格，性格久了就演变为命运。

宽厚的人，多半一脸福相；性格粗暴的人，总是一脸的凶相；许多品性不太好的老年人，就会生出一脸的刻薄相。实际上不是生就的相貌，而是长期的心与行为的修炼在脸上的投影，这些相貌也在预示着未来的命运。

慈悲心是一个特别重要的因素。比较有爱心的人，往往从内而外散发出一种过人的光华，让人越看越顺眼，越来越喜欢。而过于自私、狡猾、计较的人是很不耐看的，甚至会显得丑陋。有的人第一眼看上去比较漂亮，但是如果面无和气，仅是"第一眼美女帅哥"，稍多接触就毫无光彩可言了。

相貌可以逐步改变，尤其是美好的相貌是会由内而外散发出一种吸引力的，这种吸引力来自人心，若要看人心，就先看眼睛——

"眼乃心之门户，观其眼之善恶，必知心事之好歹。其心正则眸子瞭（明白）焉，心不正则眸子眊（眼睛昏花）焉。眼视上，其心必高；眼视下，心有感思。眼转动而不言，心有疑虑；眼斜视，而口是心非，益己害人，言不可听；眼正视，其人中正，无党无偏。眼恶心必恶，眼善心必慈。"

一起学习分享了一些前辈高人总结的经验，是不是已经有人扯来一面镜子在端详自己的尊容了呢？那就对着镜子里的自己慈悲地微笑一下，说："你长得真漂亮。"

说是看相，其实就是看为人之道，让我们共勉，一起为自己今生来世的长相负起责任。

✷ 参考书籍

《论语》《佛说罪福报应经》《麻衣神相》

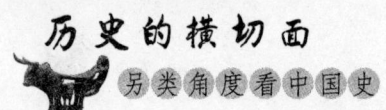

这诗写得太狠了！历来敢把它写出来的官没多少

明代名臣于谦的《石灰吟》在上学的时候就背得滚瓜烂熟：

千锤万凿出深山，烈火焚烧若等闲。

粉骨碎身浑不怕，要留清白在人间。

那时候不懂写出这样的诗需要有怎样的气节和胸怀。

后来看到于公的另一首诗，更增加景仰之情。他曾经巡抚山西与河南等地，其时朝政腐败，贪污成风，贿赂公行。地方官进京，都要带很多当地名特产作为打通关节乃至献媚取宠的礼物。于谦进京，总是两手空空，有人就劝他带些当地的名产，比如绢帕、线香和蘑菇之类。于谦于是写下《入京》诗作答：

绢帕蘑菇及线香，本资民用反为殃。

清风两袖朝天去，免得闾阎话短长。

其昂藏正气在字里行间激荡流转，不能不让人肃然起敬。

 文化管窥

宋朝有位张之才,曾经担任河南阳城知县,清廉爱民,政绩显卓,特别是两袖清风,一尘不染。他离任时写过这样一首诗:

一官来此四经春,不愧苍天不愧民。
神道有灵应信我,去时犹似到时贫。

"不愧苍天不愧民",做官能做到如此坦荡地步,敢于与神灵质对,就因为我走的时候和来的时候一样,不曾带走这里的一文赃钱!这七个字最应该刻在历代官员的大堂上。

近来在《都公谈纂》里读到了元代另一位大清官的诗,写得更加荡气回肠,如果要说得直白点,就是这诗写得太狠了!

此人名叫吴讷,曾严惩贪官董正等四十四人,威震朝野。他任监察御史时,负责贵州地区的检察工作,查处了全部陈年积案,为官一任,新案发案率几乎为零,贵州吏治焕然一新,当地官民"敬之如神明,爱之如父母"。

吴讷巡视贵州返回时,朝廷有例,要汇报当地官员得失。有官员追着送他到夔州,封了黄金百两赠他。吴讷连打都没有打开,直接退回,还在上面题诗一首:

萧萧行李向东还,要过前途最险滩。
若有赃私并土物,任教沉在碧波间。

诗的大意其实很明了,"我带着简朴的行装乘船向东而去,将要渡过前面最危险的滩头。如果我的行李里有赃私和土特产,就让我带着这些东

123

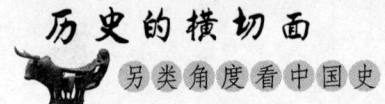

西淹死在前面的碧波当中吧！"

不知道看官是何样感受，笔者读罢之后很有感慨，这样的官员，这样的才情，这样的气魄，才是人世间真正的正能量，足以撼天动地！试问，历朝历代的官员如蜂如蚁，有几个人敢于认真地把这首诗写下来，把它挂在自己的客厅里？

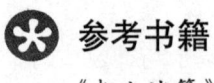 参考书籍

《都公谈纂》

看完这个丑和尚和老女佣的诗，九成诗人可以搁笔了

现在我们所能看到的诗作，大部分是文人士大夫侥幸留传下来的。不幸的也有很多，比如因一首《凉州词》而被章太炎推为"绝句之最"的王之涣，那是什么样的才调！但是他传下来的诗作仅有六首。所以，在中国几千年的文明史上，多少好诗都被埋没了，同时，也有多少好诗人并不为人知，也随着时间湮没在历史的风尘当中了。

昨天在《履园丛话》里看到了有和尚和女佣的作品，不得不感叹作者钱泳慧眼识珠。

先说这个和尚，名量周，在太湖一带一个叫青螺庵的寺院里挂单修行。要说长相，和尚应该是很难看，作者说"貌甚恶俗"。这个长得恶俗不知道该怎么解读，如果是"貌甚恶，俗"，似乎就好理解了。这些皮相的事且不理。

这一天，一帮江南名士来庵中起了一个诗社，要赋梅花诗。大家都看不上这和尚，"不之顾"，就是连眼角也懒得夹一下。等到开始分韵的时候，这和尚忽然技痒，要求给他一个韵，让他也做一首玩玩。

名士们就揶揄着给了他一个"音"字韵，然后他们也各自得韵，开始搜肠刮肚地吟起来。

历史的横切面
另类角度看中国史

时间未到，和尚说诗已成，援笔立就，名士们于是等着看笑话。

诗如下：

几被霜侵与雪侵，孤根留得到而今。

谁于冷处得青眼，只合空山抱素心。

茅屋风高门正掩，板桥冻折路难寻。

棱棱莫谓无相识，曾有何郎为赏音。

也许只有他这样冷傲孤标的人，才更能体会梅花的清绝境遇，也才能写出这种不染世尘的诗来。当然，名士们还算都识货，看完了面面相觑，纷纷搁笔，叹息而去。

在况周颐的《眉庐丛话》里还记载有一个叫敬安的僧人，也写过《白梅》诗，共十首，时人称叹，今录其一以飨读者：

一觉繁华梦，惟留澹泊身。

意中微有雪，花外更无春。

冷入孤禅境，清于遗世人。

却从烟水际，独自养其真。

诗意清雅冲穆，不是惯食人间烟火的人能写出来的。

《履园丛话》卷二十四记述，苏州蒋容斋、蒋辛斋两兄弟工文善诗，家里有一个老女佣，大字不识，无非司厨缝补而已。

但这个老太太却像《红楼梦》里的香菱一样喜欢上了作诗，听起来是不是有点天方夜谭？

她的学习方法就是，每当这两兄弟吟诗唱和，她就隔着门屏窃听，殆无虚日，意即从不间断。

真是功夫不负有心人。时间长了，老太太竟然通晓音韵，开始自己写诗，其中有一句："读书盼望为官早，毕竟为官逊读书。"两兄弟看了，也不得不称妙。

这一天，蒋辛斋专门把老太太叫来要试试她的诗才。他指着榻前的佛手柑命她当场作诗，老太太略一思考，应声吟出：

十指拳拳不肯开，掌中定捧寸珠来。

何缘得近诗人榻，香气还应问腊梅。

这首诗在仓促间能写得如此生动传神，确属非常难得了。诗里还调笑了辛斋的侍婢腊梅，更增几分活泼。事后，辛斋对哥哥说了，两兄弟都觉得这么聪明的人怎好意思再让人家当佣人？于是对老太太礼敬有加，家中一些以前看不起她的婢仆都改叫她"作诗阿娘"了。

看完人家这和尚和女佣的诗作，大有惭愧之心，不管别人怎样认为，反正自己这三脚猫的水平，暂时还是不要写诗了。

✻ 参考书籍

《履园丛话》《眉庐丛话》

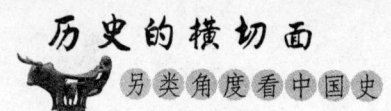

张衡的地动仪不科学？被请出历史课本是否欠妥？

张衡发明的地动仪还真不是空穴来风，是记载在正史当中的，整整一百九十六个字，写得清清楚楚，怎么造的，什么原理，测到了哪次地震等。但让人非常不解的是，张衡是在公元132年造出地动仪的，到公元134年它预报了陇西地震后，这个神秘的物件就像一阵烟一样彻底消失，再也没有音讯了。在后来的史料中再也查不到有关它预报地震的记载，甚至连这台地动仪本身也消失得杳无踪迹。

所以，后世对这件神秘的仪器充满了好奇，当然，好奇之后就有了众多的质疑声，认为用这样的机械装置来预报地震不科学，没有实用性，所以它才失传了。观点最为尖锐的是奥地利人雷立柏教授，他曾撰写《张衡：宗教与科学》，认为中国人对张衡地动仪的情绪是一种宗教式的崇拜，"对张衡地动仪的迷恋正是华夏科学停滞特点的典型表现"。

很多人随声附和，有人认为他就是个模具，甚至说它只是个摆设。

个人认为这些观点有待商榷。

首先，现代人看到的地动仪只是考古学家王振铎先生根据记载结合英国科学家的地震理论制成的，它本身就不是汉代的地震仪，只是一个近似的复制品，根本没有实现百分之百的复原，所以要求它来预测地震有点荒唐，拿它来否定张衡的地动仪更神似于隔山打牛。

其次，地动仪可能毁于东汉末年的战火，复制不了不等于它不存在。古人的黑科技失传的很多，我们不说鲁班先生的木人木鹊，也不说诸葛亮先生的木牛流马，就马王堆中出土的那件素纱襌衣，仅有48克，以现代的科学技术我们都做不出来，如果不是真品出土，摆在那儿让人亲眼所见，你会不会以为古人对于这件"轻如蝉翼"的纱衣的描述也是在吹牛？

再者，古人智慧远超我们的想象，制造出一个地动仪并不是制造出了宇宙飞船，我们理解不了，复制不出，正说明了先人的伟大。就像河图洛书，我们到今天为止也没有破译出这神秘的"宇宙魔方"，那我们是不是也应该"虚心"地认为，它不存在，然后从我们的文化当中把它"删除"掉？

何况，在各方的全力配合下，冯锐先生所率领的团队在比《后汉书》早的《续汉书》，以及《后汉纪》等七部古籍中找到了更多关于张衡的地动仪的记载。一百九十六个字的记录，变成了二百三十八个字。通过这些文献，冯锐他们算出了张衡的地动仪的高度、悬垂摆长度、振荡频率等。与此同时，课题组调来了陇西地震的历次波形图。通过对波形图的计算，证明张衡的地动仪在公元134年的确测到了陇西的地震。那么，张衡的地动仪就不再是"传说"和"神话"。

更何况，如果后人没本事复原地动仪，不能证其有，那么有谁能证其无呢？有没有哪位物理学家能给出让我们信服的观点或者试验，说明地动仪只是个不靠谱的玩具？目前也只能是一些凭空的猜测。更何况，奥地利教授是搞文科的，从事语言、哲学和宗教学的研究，所以虽然他有怀疑的权利，但是这个怀疑的含金量也太稀微了吧？

所以，笔者认为，张衡发明了地动仪，地动仪是能够测知地震的，这是一种文化的自信。把张衡和地动仪请回历史课本是有必要的，既能增强民族自豪感，又能激发孩子们的探索精神，为什么不呢?

延伸阅读：南朝范晔（398—445），根据前人撰述的几十种有关后汉的历史著作，编写成《后汉书》。其中《后汉书·张衡列传》记载候风地动仪共一百九十六字：

"阳嘉元年，复造候风地动仪。以精铜铸成，圆径八尺，合盖隆起，形似酒尊，饰以篆文山龟鸟兽之形。中有都柱，傍行八道，施关发机。外有八龙，首衔铜丸，下有蟾蜍，张口承之。其牙机巧制，皆隐在尊中，覆盖周密无际。如有地动，尊则振龙机发吐丸，而蟾蜍衔之。振声激扬，伺者因此觉知。虽一龙发机，而七首不动，寻其方面，乃知震之所在。验之以事，合契若神。自书典所记，未之有也。尝一龙机发而地不觉动，京师学者咸怪其无征，后数日驿至，果地震陇西，于是皆服其妙。自此以后，乃令史官记地动所从方起。"

✱ 参考书籍

《后汉书》《续汉书》《后汉纪》

宋代高僧描写过居家隔离的手机生活？那首禅偈怎么说？

各位看官，先来看一首诗，一首如假包换的宋代诗——

五湖四海尽曾游，自在纵横不系舟。
今日忽因屏上看，人人总持用机筹。

这简直是大家这段时间在家隔离的真实写照：每天在手机上天南海北自在遨游，就像天马行空，更像不系缆绳任意漂流的一叶扁舟。在这个小小的屏上，没有什么事你看不到，没有什么事你办不到，每个人的工作和生活，用这样一部手机就全部搞定了。

粗一看，似乎就是这么个意思，但怎么就那么巧，就那么神奇？一千年前的和尚真有未卜先知的能力？这位高僧是谁？他怎么会知道手机有如此强大的功能？

郑重解释一下，只是一个巧合，一个妙不可言的巧合。接下来，一点点给您解释，省得有人认为笔者在玩标题党的把戏。

首先要认定这确实是一千年前的作品，不是作者杜撰，笔者也惭愧没有这么高的水平。

历史的横切面
另类角度看中国史

这是一首禅僧的诗偈，题目是《行脚僧》，作者是宋代高僧汾阳善昭。

既为诗偈，那原意如何理解？

先了解背景，诗偈是禅师题写在一个画屏上的，画屏的主题是"行脚僧"。

"行脚僧"就是云游僧，没有一定的居所，或为寻访名师，或为自我修持，或为教化他人而广游四方。善昭禅师当年受戒后，即杖策游方，艰辛备尝，足迹踏遍三江五湖，先后礼参了七十一位善知识。

"五湖四海尽曾游，自在纵横不系舟。"写的是行脚僧"一钵千家饭，孤身万里游"，一双烂草鞋，甚至是赤着脚走遍名山大川，风餐露宿，虽然辛苦之至，但在精神上却是"自在纵横"，洒脱得很。

"今日忽因屏上看，人人总持用机筹。"今天在这画屏上看见这"行脚僧图"，不免心中感叹，对行脚僧的自在生起无限向往之心。这种无碍无住的境界对于红尘中的众生来说，却是太难了，因为他们心中的"机筹"（机关和筹划）太多，这也看不开，那也放不下，缠缚太多，怎么能达到太虚片云一般纵横自如的境界呢？

那写出如此通透诗作的禅师是何来历？

作者汾阳善昭禅师对宋代禅宗影响极大，他从禅语公案中选择出一百则以偈颂的形式加以评述，编撰成《颂古百则》，生前又有语录文集《汾阳无德禅师语录》三卷广传于丛林之间。

善昭在师父首山省念示寂后，住持山西汾阳太平寺太子院广说法要，足不出户达三十年之久。天下道俗，益加仰慕，不敢直呼其名，而以"汾阳"尊称之，圆寂后，谥号"无德禅师"。

在住汾阳之前，善昭禅师曾经云游四方，随缘而遇，随缘而住。时长

沙太守张茂宗力邀善昭主持其境内四座最为著名的寺院，善昭连夜逃走。

这一跑，禅师从湘江之畔来到了汉水之滨，隐姓埋名，过起了隐士野老的生活，还写了这样的一首诗，羡煞天下人：

石径有尘风自扫，山谷无门白云关。

尽把好月藏峰顶，不教胜境落人间。

❋ **参考书籍**

《颂古百则》

赞叹《冈仁波齐》！为什么最隆重的礼仪是"五体投地"？

"前方没有终点，都在朝圣的路上……每一个朝圣者都有颗虔诚的心……热泪盈眶，熟悉的路，冈仁波齐……"

2017年夏天，一部没有剧本的电影火了，大家都在谈论《冈仁波齐》。我今天想说的是"五体投地"，就是藏民在前往冈仁波齐的路上，磕长头的那个动作。

在唐玄奘大师所著的《大唐西域记》里有如是记载："致敬之式，其仪九等：一、发言慰问，二、俯首示敬，三、举手高揖，四、合掌平拱，五、屈膝，六、长跪，七、手膝踞地，八、五轮俱屈，九、五体投地。"

如是，最隆重的礼仪是"五体投地"。"五体"又称"五轮"，指双肘、双膝和额顶。"五体投地"说是"五轮至地而作礼"（《地持论》）。其过程是：正立合十，屈膝屈肘至地，翻掌，顶礼。

"五体投地"的要求比磕头要严格，致敬的对象一般是佛菩萨。如《佛般泥洹经》卷下："太子五体投地，首佛足。"又如《请观世音菩萨消伏毒害陀罗尼经》："如是三称三宝，三称观世音菩萨名，五体投地，向于西方。"

在进藏的公路上，很多人都看到过虔诚的藏民磕长头匍匐在地，在风雪中向着仿佛遥不可及的圣地行进，那是一种真正的"五体投地"。"磕长头"是藏传佛教信仰者最至诚的礼佛方式之一。磕头朝圣的人在其五体投地的时候，是为"身"敬；同时口中不断念咒，是为"语"敬；心中不断想念着佛，是为"意"敬。三者得到了很好的统一。

有人问过一位藏民，这是去求什么？藏民憨厚地说："什么也不求啊，我家里人都平安健康，牛羊也肥壮，今年青稞丰收了，我只是想把这些富余的青稞送到寺里去。"

"那，你不觉得苦吗？"

"没有呀，我觉得很欢喜呀，要是觉得苦，我就不来了。"

这话，说得这位本以为人家藏民苦不堪言的哥们儿一头雾水。

"子非鱼，焉知鱼之乐？"

当人们五体投地地拜伏在财富和权贵的脚下时，财富和权贵的灵魂也正五体投地地拜伏在欲望的脚下，而欲望则一无所有地拜伏在这些藏民面前。与那位藏民和电影里的各位藏民相比，我们有多少人在精神世界里更像一个乞丐？

玄奘所述礼仪的第一等是"发言慰问"，这正是我们目前在忠实执行的，委托微信、短信还有 QQ 等来完成的拜年礼仪，但对长辈的礼仪从过去的九等降到了一等。从最高到最低到底都简化掉了什么，遗失掉了什么，恐怕该我们这些自古号称礼仪之邦的国民深思了。

❋ 参考书籍

《大唐西域记》《佛般泥洹经》《地持论》

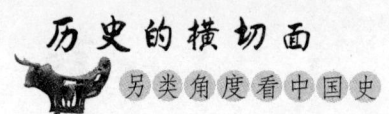

"小姐"这个词原来最早是被苏州人污染的

一直以为,"小姐"这个词是改革开放以后才被污染的,而且似乎是从港台那边传染过来的。这个词本来是指好人家的女儿,后来不幸堕落风尘,成为烟花女子的代名词。

近日在钱泳的《履园丛话》里看到一则笔记,题目叫《小姐班头》。钱泳活了八十六岁,死于道光年间。原来至少在清代以前,"小姐"就已经被拖进了污水里。

"吴门称妓女曰小姐",苏州一带为吴国故地,呵,原来是这里的人先下的黑手。

妓,就是我们现在称为失足妇女的,以前也有很雅致的别号,本来可以不侵占"小姐"这个名号的。比如校书,这个是因为唐代名妓薛涛而得名,有人赠诗给她,诗中有"万里桥边女校书"的句子。再比如录事,宋代陆游《老学庵笔记》里记载过苏东坡的一段话:"相蓝之东有录事巷,传以为朱梁时名妓朱小红所居。"后用录事暗指妓女。

还说这个"小姐班头"的事吧。在吴兴有个书客,姓钱,叫景开,此人开过书铺,还能写诗,最大的一个爱好或者说毛病是"狭邪",就是去花街柳巷里瞎逛。因为肚子里有点墨水,他经常写点诗句什么的风雅一下。

花了三十年，也写了三十年，把他写的东西归置了一下，竟然都能出本书了，名字都起好了，叫《梦云小稿》。

袁枚也是个好此道的，每次来到虎丘，都要见见这个钱景开，相从甚密，就是袁枚给钱景开起了这个外号叫"小姐班头"。

有一次，袁枚又来了，钱泳也去相见，大家一起喝酒，喝高了，钱泳还给钱景开写了一首诗：

把酒挑情日又邪，酒酣就卧美人家。
年年只学梁间燕，飞去飞来护落花。

都把这个哥们儿拔高到护花使者的高度了。

袁枚看了钱泳的诗，大笑，说："这可真是小姐班头诗了！"

❋ 参考书籍

《履园丛话》《老学庵笔记》

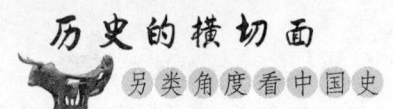

冷兵器时代，从军打仗必知的几个保命秘诀

在冷兵器时代，上阵打仗，浴血厮杀，性命都在须臾之间。能从战场上活下来，除了身手好、命大，这里还有几条"老行伍"总结出来的保命秘诀，与史友和军友们共享。

第一，"打仗之际，刀惟一掠耳，不可直斫，斫必伤刀，为他人制矣。"

用刀的人上阵对敌不能像砍树那样直砍，那样一定会伤刀刃，一旦刀不称手，在战场上那才叫傻眼。那刀该怎么用？"一掠"的意思应该是"抹"或者"划"，利用刀的锋利去伤人，而不是像斧了一样砍人。这让人想起了马背民族当年的标配就是"快马弯刀"，原来直刀剑的强项在于破甲，所以上阵厮杀弯刀更有优势？（此为讨论点一，欢迎赐教）

第二，"马上枪法，决无向前直刺之理，惟有回身一枪耳。"

在马上用枪似乎向前直刺更加威武更加有杀气，但在马背之上，加上疾速向前的惯性，直刺的结果不是枪杆折断就是刺中目标拔不出枪反而把自己拖下马，总不能任枪脱手而去吧？所以向前直刺是马上枪手的致命危险动作，回马一枪游刃有余，刺中目标也能借着马力拔出枪来。但是使枪的人必须等对手放马过去才能动手是不是过于被动？罗家"回马枪"跟这有关系吗？（此为讨论点之二，敬请赐教）

第三,"打仗不可不多备鹞子鞋,鞋须穿过二三日者方妙,新恐与足不相得也。"

鹞子鞋是古代一种轻便军鞋。在《儒林外史》第四三回中:"号令中军马兵穿了油靴,步兵穿了鹞子鞋,一齐打从这条路上前进。"旧鞋如老妻,相知又相得,这是经验之谈。如果有条件的话,多备一两双鹞子鞋,省得在行军路上吃苦受累,打起仗来又能跳转自如,这个应该没有什么疑问。

第四,"若兵败,不可晚入人家。"

打了败仗,侥幸活条命下来,到了晚上不能进入人家,哪怕喝口热水、吃点热食也不行?如果找不到其他能宿营的地方,难道就只能露宿吗?或者说,残兵败卒夜入人家很容易引起不安,战场中死过几回的人什么事做不出来?等你睡着了,可能会被举报或者直接被消灭?此为讨论重点,请有识者不吝赐教。

以上引用内容均出自清代康熙年间刘献廷所著《广阳杂记》。

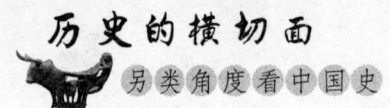

真有踏雪无痕的高明武功？宋代人的记录里怎么说？

如果说武侠小说里"乾坤大挪移"和"葵花宝典"之类的武功过于虚幻玄奇，那凌波微步、踏雪无痕、梯云纵之类的轻功恐怕大家也觉得有点逆天，有点不可思议。反正在现实生活中没有见过那么高级的功夫，眼不见为虚嘛。

实际上历代修习者确实有我们常人难以揣测的武功，一般这种高人根本就不露相，也不是我们这种凡夫俗子能"幸会"的，但是在宋代人的记录里，确实有天马行空的武功高手。谁见过？张浚！

先简单说明一下这个张浚，他虽然也跟岳飞闹过别扭吵过架，但是他基本上还是个正经人，没有参与谋害岳飞的工作。帮着赵构和秦桧害岳飞的是另一个张俊，那个人是个势利小人，大家还是得分清楚南宋的这两个名字同音的人。

张浚此人虽然志大才疏了点，但也算是个抗金名将，尤其是在帮着赵构平定苗傅和刘正彦的叛乱中起到了至关重要的作用。

当时苗刘叛乱，张浚在秀州准备勤王。这天晚上，侍从都睡了，他一人坐着，忽然就看见有一个人站在蜡烛的后面，手里还拿着一把寒光闪闪的刀。

张浚知道是来了刺客，他也是经历过大世面的人，就沉着问道："你是苗傅和刘正彦派来杀我的吧？"

对方回答："正是。"

张浚说："既然是，那就把我的脑袋拿去吧！"想不到对方这样回答："我也是读过书的人，怎么可能为贼所用？何况张公您一向忠义，我又怎么能够加害！只是苗刘等人想暗算你，我担心张公防范不严，再有刺客来会坏大事，故特来相告。"

张浚问："那您要些金银吗？"

刺客笑答："要金银？我杀了张公您还怕没有金银钱财！"

"那你不如留下来帮我吧。"张浚还是个爱才的人。

刺客说："我的老娘还在河北，所以不能留下。"

张浚就想留下刺客的姓名，但是人家只是低头行礼而不肯回答。

施礼之后，刺客整整衣服，"跃而登屋，屋瓦无声。时方月明，去如飞。"

在宋人罗大经的《鹤林玉露》里，他是如此描述的。那位刺客确实有高来高去陆地飞腾的本领，不仅能跃起上房顶，而且踩在瓦上竟然没有丝毫响动，可见其轻功高明到了何种程度！最后在张浚的注视中，明亮的月光下，他像一只大鸟一样飞去了。

"投我以木桃，报之以琼瑶。"张浚也是果断有杀伐的人。刺客如此待我，我也得对得起他。第二天，张浚命人从死囚牢中提出一人斩杀，对外宣称昨晚抓获了奸细，也算为刺客断除了后顾之忧。

罗大经最后写道，张浚后来仍然对刺客念念不忘，曾经派人到河北一带去寻访，可见他对刺客的武功与人品还是高度欣赏的，只是可惜找不到了。

罗大经感慨："孰为世间无奇男子乎？殆是唐剑客之流也。"

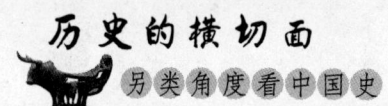

谁说世间没有奇男子呢？这位刺客就是像唐代的剑客一流的高人！

那唐代的剑客究竟又高到了何种程度呢？

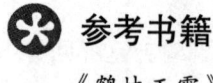

《鹤林玉露》

今古杂谈

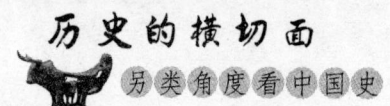

古代朝廷风行的"五行德运"之说是个伪概念？

大家在读古书的时候，经常会遇到这样的表述，"某朝，尚×，为×德"，比如"大秦帝国，尚黑，为水德"，似乎是很隆重的一件大事，跟皇帝老儿的龙袍和全国劳动人民的穿着都有莫大的干系。从表面来看，这种说法当从五行中来，但到底这件事是怎么定的？谁说了算？后来怎么就又废弃了？

至少在宋朝之前，中国的皇帝们，尤其是开国的皇帝们对于这件事还是足够重视的，大家有统一的认识：虞舜为土德，夏为木德，商为金德，周为火德，于是代周而有天下的秦始皇规定秦德为水，尚黑色，以后的朝廷也就有样学样，都把这很当回事了。

到战国末期，阴阳家的代表人物邹衍先生横空出世，他把在西周末期已经出现的五行观念与阴阳概念联系起来，提出"五德终始说"，试图说明事物运动变化的普遍规律。他认为木生火，火生土，土生金，金生水，水生木，是五行相生的转化形式。把社会的变革归结为一种神秘的天意，这就有点"机械"的倾向了。

根据他的学说，后世对于五行颜色的定位是土德尚黄，火德尚赤，金德尚白，水德尚黑，木德尚青。

《吕氏春秋·有始览应同》篇较为完整地记载了"五德终始"学说：

"凡帝王者之将兴也，天必先见祥乎下民。黄帝之时，天先见大螾大蝼。黄帝曰：'土气胜。'土气胜，故其色尚黄，其事则土。及禹之时，天先见草木秋冬不杀。禹曰：'木气胜。'木气胜，故其色尚青，其事则木。及汤之时，天先见金刃生于水。汤曰：'金气胜。'金气胜，故其色尚白，其事则金。及文王之时，天先见火赤乌衔丹书集于周社。文王曰：'火气胜。'火气胜，故其色尚赤，其事则火。"

这可以算是五行德运说的缘起。从记载中可看出，哪个朝代是什么德，取决于"天"之所见，从中选了一件事就定了，如黄帝尚黄，为土德，即制定了与土德相契合的政令制度；禹之时，其事则木，即制定了与木德相契合的政令制度。后世的秦始皇照猫画虎，什么东西都往水上面靠，比如他们的服饰颜色，水尚黑，于是秦国上下普遍以黑色为主色调，包括秦军将士、武器、装备，还有秦始皇的龙袍，都是清一色的黑色。

但个人认为，"天"之所见带有偶然性，"德"之所属并不是根据什么公式推演出来的。所以，这让后世的皇帝们有些任性甚至有些迷惑。

比如汉代就成了一个"三德子"，变来变去，一点也不严肃。

起初在汉高祖刘邦时，张苍认为秦国祚太短且暴虐无道，不属于正统朝代，那么汉朝接替的应该是周朝的火德，所以汉朝之正朔应为水德。好吧，于是汉朝以为自己是水德。可到汉武帝时，又认为秦属于正统朝代，那么汉取代秦，就应了以土克水，所以正朔应该为土德。又好吧，汉朝就又土德了好多年。

直到王莽建立新朝，又采用刘向刘歆父子的说法，认为汉朝属于火德。汉光武帝光复汉室之后，正式承认了这种说法，从此确立汉朝正朔为火德，

历史的横切面
另类角度看中国史

汉家的帝王们就都穿起了红色衣服。东汉及以后的史书如《汉书》《三国志》等皆采用了这种说法，因此汉朝有时也被称为"炎汉"，又因汉朝皇帝姓刘而称"炎刘"。汉尚火德，就是这么曲折确定的。

五行说是一环扣一环的，汉朝变来变去，后面来的只能跟着变。东汉改为火德以后，汉运衰，大家一想，代汉而兴者当为土德，于是，起义头目张角自称"黄天"，以示将承汉祚而王天下。很不幸，他的黄色世界没有建立起来，倒是曹丕实现了黄色世界的梦想，他和平方式的禅让，倒对应了五德相生的理论。公元220年，他不仅按照土德改制，还把年号定为黄色——"黄初"，曹魏的土德就是这么来的。

但刘备并不以为然，他号称自己是汉室正统，所以蜀国依然是火德的赤色。孙权刚开始也争赤色的火德，后来要为汉报仇，按照五德相克的理论，就采用了克土的木德，所以东吴的世界是青色。

这之后，晋金德，南朝宋水德，南齐木德，萧梁火德，陈土德，北魏前期土德，孝文帝以后改为水德，北周木德，隋火德，唐土德，五代后梁木德，后唐土德，后晋金德，后汉水德，后周木德，宋火德，金朝前期金德，章宗以后改为土德。

五运之说到了北宋中期遭到了冲击，欧阳修就认为这是"不经之说""昧者之论"，在其晚年改订的《正统论》中对它展开了正面批判：

"自古王者之兴，必有盛德以受天命，或其功泽被于生民，或累世积渐而成王业，岂偏名于一德哉？……曰五行之运有休王，一以彼衰，一以此胜，此历官、术家之事。而谓帝王之兴必乘五运者，缪（通"谬"）妄之说也。"

故，《古今图书集成》考述历代德运，至金而止；清代的两种蒙学读物《群

书纪数略》和《幼学歌》将历代王朝德运作为文化史知识来介绍,其下限均迄于宋。

元朝不再讲求德运,人们已经失去了对于五运说的信仰。

不过民间的声音一直在扰攘不休,有人认为明朝火德,清朝水德,但官方始终没有公布过。

本以为在明朝一代德运说似乎要寿终正寝,但最后时刻,李自成建立的大顺政权忽然又想起了这件事,还自称以水德王,据赵士锦《甲申纪事》说:"贼云以水德王,衣服尚蓝,故军中俱穿蓝,官帽亦用蓝。"李自成为何号称水德?显然是因为一般人多以明朝为火德,故取以水克火之意。不过按传统的说法,水德理应尚黑,李自成改为尚蓝,大顺天子也有几十天能说了算。

乾隆在《题大金德运图说》中也认为此说荒诞不经:

"五德之运,说本无稽。……自汉儒始言五德迭王,遂推三皇五帝各有所尚,后更流为谶纬,抑又惑之甚矣。夫一代之兴,皆由积德累仁,岂遂五行之生剋?而服御所尚,自当以黄为正,余非所宜。元、明制度尚黄,不侈陈五德之王,其义甚正。本朝因之,足破汉魏以后之陋说。"

✱ 参考书籍

《汉书·艺文志》《邹子》《正统论》

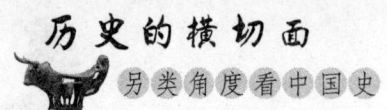

王羲之王勃的文章都有毛病！看看古代喷子是怎么喷的

喷子代代有，当下特别多！

先来看一个段子，看看古代喷子是什么样式的。

"有轻薄人士，好弹射文字"，古代人真是趣而雅，人家不喷，只是弹射，这让我不能不联想起某人抠出一块鼻涕痂，藏之在手，有不忿则怒弹之，一笑！

此人士不弹王羲之的书法，倒弹射他的文章——《兰亭记》有一句"天朗气清"，他说这是"春言秋景"，难为他看得认真，似乎也有一二分道理吧？

再说王勃的千古名篇《滕王阁序》，最经典的名句"落霞与孤鹜齐飞，秋水共长天一色"在喷子的眼里竟然也有毛病！他大言不惭地说是多了"与"和"共"二字！

虽说不要这两个字也能念通，而且不伤大义，但是必须四六言才上口吗？你的眼睛怎么就那么雪亮呢？

接下来这事就有点通玄了，现代喷子们也应当十足警惕才是。

这喷子人士如此激扬自己的意见，竟然引起了阴司的不满，毕竟阎王也是有学问的人，哪里能容你如此胡叱！于是就派了鬼卒把他锁来，祭起刀锯，准备把他的舌头割了！这位古代喷子见了棺材才落了泪，一番哭诉辩解，上有八十老娘下有黄口乳儿中有一妻九妾都不得活之类，说得阎王也动了恻隐之心，咬了咬牙就把他给放了。

想不到，此人走到了冥司的殿下，看到了两侧的楹联，竟然由不得就说："阎王还自许有文化，这对联就不通嘛！"

阎王忙命人询问有何不通？

"'日月阎罗殿，风霜业镜台。'我就不信，这阎罗殿难道还会有日月风霜吗？"

……

这故事出自明代江盈科的《雪涛小说》，到这儿就戛然而止了，很不过瘾，不知道阎王有没有恼羞成怒，再把这喷子的舌头处理一下。

大凡物不平而鸣，不能说喷子先生们一无是处。他们总是胸中郁结着一股腌臜鸟气，无处抒发，偶然瞥见别人写的文章，一恨观点何以竟敢与自己不同，二恨他何以竟能发文章以惑众，何不吐点口水以污之？于是，唾液横飞，挟泥沙俱下。

因为发文章，经常被人骂，当网络作者命苦；但是凡有骂出水平者，其实也是欣喜欢迎的，因为有时候看神评论的甚至比看本人的蹩脚文章的人还多。但是骂是一门艺术，如果只会污言秽语，国骂甚尔乡骂，则至简至陋，除了要告诉别人"我就是个低级不入流的喷子"，别无他用。

要说古代喷子中的高人，小编只服金圣叹，人家也是发表不同见解，一枝秃笔，评《水浒》，评《西厢》，妙喷也能生花，不看他的点评竟会是一种遗憾。

故，喷路无止境，凡学喷，亦当上下左右东南西北中发白而求索！

参考书籍

《雪涛小说》

历史的横切面
另类角度看中国史

同样追星，漫话现代人追得浅白，古代人就追得高级？

一个"追"字，表达了人对于美好事物的向往，没有什么错。

追星，本就是一种头脑发热的向往。

只是现代人的追星，追得浅白，追得不那么高级。

立时有人怒喝："谁说的？"在下，笔者。

那古人也追星否？当然，苏轼粉丝多得不可胜数，他本人却是屈原和陶潜的粉；张籍是杜甫的铁粉，杜甫是李白的真爱粉，李白则是谢灵运的忠粉，谢灵运又是曹植的骨灰粉。

在古代也有这样华丽丽的粉丝链，这条链上串着的珍珠是诗，是文化，是独特的气质和精神。这且不说，主要是古代人追星虽然也追得奔放，但不伤大雅。

那古人是怎么追星的？和现代究竟有什么不同？

笔者就从以下几个方面叨叨几句：

粉丝之异，狂追的追

因为头脑发热，有点妄动，这在追星族里本该是可以理解的。但像某次在上海，粉丝一路狂追，把一个韩国的男明星小金都逼得撞了车仍然穷

今古杂谈

追不舍，追得这么粗鲁和不要命，像要抢钱或捉拿歹徒似的，这架势怎么看着都有点不尊重，甚至有点恐怖吧？

说到恐怖，德华兄应该有更刻骨铭心的体会，那个来自甘肃的狂热女孩追他追得家破人亡，为此搭上了父亲的一条宝贵的老命。追星追到这个地步，整个世界都语塞了。

那有没有追星追得很传奇很诗意的呢？我们接下来看，一位唐代的骨灰级粉丝是如何追李白的。

他极度崇拜李白。天宝三年，也就是公元744年，他从王屋山出发，去追寻李白的足迹。他日间赶路，夜里则焚香净手，抄录李白诗卷。

李白先生当时失意长安，一路向东而去，行踪不定。他只要听说李白在哪儿，就匆匆赶过去，可惜的是始终没有追上李白这位大仙的云车。

就这样，他从北方来到江南，转会稽、下明州、奔天台、赴永嘉、又入缙云，追了几千里都没追上。

这位粉丝并没有泄气，又北上金华，从江南追回江北。第二年，他终于在春风十里的扬州与李白相见了！

见到李白的他，一身风尘，扑倒在地，满面于思，双泪横流。

当时，这位魏万先生为自己的偶像李白捧上的是一首诗，题为《金陵酬李翰林谪仙子》，请李白指正。接着，魏万又讲述了一年多来的艰辛以及沿途风光。李白为此深受感动，投桃报李，一百二十韵的《送王屋山人魏万还王屋并序》一气呵成，以此回赠！

李白的诗序中如是说：

"王屋山人魏万，云自嵩宋沿吴相访，数千里不遇。乘兴游台越，经永嘉，观谢公石门。后于广陵相见，美其爱文好古，浪迹方外，因述其行

151

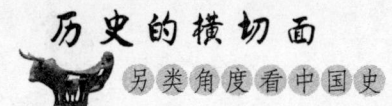

而赠是诗。"

魏万所有的辛苦都有了回报,他与自己的偶像"同舟入淮,上金陵",依依惜别后,心满意足地回王屋而去。在这里,粉丝和大 KOL 留下一段"黄河若不断,白首长相思"的千古佳话。

粉丝之异,送礼的礼

话说这魏万追了三千里地,并没有背着钱褡子,给李白送上四个五十两光灿灿的大银锭,如果真是那样,可就俗不可耐了。虽然魏万可能有钱有闲,但李白其实不缺钱,离开长安时,唐明皇是赏赐了一笔钱的。多少?《新唐书》没明说,想来皇帝出手赠一个大名士,少了会招来不少的笑声吧?

所以现在的粉丝们动不动就要给人家明星花钱,又是花重金承包广告,又是送豪车、送别墅、送庄园,确实太不好玩了。人家明星日进斗金,能看得上你这"一腔赤诚"吗?

咱们看看西晋时候的老百姓是如何追星的。

晋朝的潘安,其实人家本名潘岳,字安仁,是杜甫的一首诗给他改了名,后世就把这个大才子帅哥都叫成潘安了。要说潘安帅到什么程度?从广大女粉丝的疯狂行为中就可以反映出来。

他每次驾车出行,女粉丝们就都跑出来围着痴痴地看他,有人看不见就往高处跑,还有的人上了城墙,只为一睹这位大帅哥的真容。这且不说,请注意!关键是粉丝们还有自己表达爱意的浪漫方式——

当潘安的车子经过时,她们就向他的车里投来各种水果……嗬!这温馨又和谐的场景,不知道比那种狂呼大叫、声嘶力竭美好了多少倍,因此历史就留下了一个最有爱意的美谈——"掷果盈车"。

152

同样是粉丝，同样是追车，一个是前面说的上海的"穷追撞车"，一个是含蓄蕴藉的"掷果盈车"，高下立判，不必饶舌。

　　那有没有更疯狂的粉丝围着大KOL不让走的呢？还真有。

　　晋朝的中兴名士卫玠，是河东安邑人，少年时驾着一辆羊车入市，"见者皆以为玉人，观之者倾都"。一个"玉人"，美得简直不像话！卫玠长大了，饱读诗书，成了一名玄学家，成了当时最受追捧的清淡名士。

　　卫玠后来去了南方的建邺，他不知道当地的粉丝群竟然如此狂热，只要他敢出来，就把他围在核心，当时"观者如堵"。卫玠本身体弱，又不好拂了粉丝们的面子，每次"被展览"后回家要冲出重围，竟然累病了他。这一病，是让粉丝们伤心欲绝的病，年仅二十七岁的卫玠被生生看死了。

　　这就是古今粉丝史的重大事件"看杀卫玠"，《晋书·卫玠传》及《世说新语》等都有记载，似乎是古人最"暴力"的追星事件，也造成了不良影响，关键是这个影响是粉丝们自己最不能接受的，所以我们不说这是一段佳话，只说是亘古奇闻，前无古人，恐怕也后无来者。

粉丝之异，写作的写

　　一旦喜欢上了某个大KOL，不免就想对他或她表明，或者像某位二哥一样对徐明星有一番别样的表白，总之想让人家知道还有您这么一位他的死忠。于是粉丝脑袋一热，会洋洋洒洒地写几万字，甚至要洒点青春和热血来写一封血书！但是笔者觉得，这些血捐献了会不会更好？人家明星拿着你一封这样血呼啦擦的信，不觉得瘆得慌？

　　要表达敬意，古人有更曼妙的方式。

　　苏轼那年刚满二十三岁，进京路过屈原庙。他含泪祭扫之后，满怀的

历史的横切面
另类角度看中国史

敬仰之情都寄托在一篇《屈原庙赋》里：

"生既不能力争而强谏兮，死犹冀其感发而改行。苟宗国之颠覆兮，吾亦独何爱于久生。"

他写道："君子之道，难道一定要追求完美吗？你难道不能选择保全生命，远离灾祸吗？可你还是一心一意去做自己认为正确的事。在我心中，你才是一个真正高尚贤良的君子。"

文章里有崇拜，更有灵魂的相契和交流。

有人会说，你以为人人都是苏东坡吗？不会写作的人怎么办？别急，杜甫有一位真正"脑残级"的粉丝，为了学他写诗，这位粉丝的做法也算是惊世骇俗了。

他是唐代中后期诗人张籍，在诗坛上也是一位人物，笔者能记得的他的名诗应该是《秋思》：

洛阳城里见秋风，欲作家书意万重。
复恐匆匆说不尽，行人临发又开封。

张籍虽然是韩愈的大弟子，却是杜甫的超级粉丝。据冯贽《云仙杂记》记载："张籍取杜甫诗一帙，焚取灰烬，副以膏蜜频饮之，曰：'令吾肝肠从此改易。'"这位兄台因为太痴迷，竟然把杜甫的诗卷烧掉，再把纸灰拌上蜂蜜，然后就拿勺子开吃了！他的理由是："吃了杜甫的诗，就能写出和他一样的好诗了！"

本来已经写得一手好诗，还要这么"精益求精"，张籍的做法并不让人觉得呆傻，倒有几分可爱。

粉丝之异，自残的残

当年杰克逊去世时，曾经有十二名粉丝自杀；张国荣去世，也曾经有一位小粉丝为此辍学自闭了三年；还有一些粉丝因为有黑粉就气冲牛斗，要割腕表达抗争！

有人曾经说过一句很实在的话：挣着三千块钱，每天心疼着那个挣三个亿的人，怕他受凉，怕他受热，怕他受气。有那个时间，心疼一下自己不好吗？

在唐代，有个叫李洞的诗人，他是贾岛的铁粉。

他把刻有贾岛头像的铜片缀到自己的头巾上，手里经常持着一串念珠，当然不是为了盘的，那是专为贾岛祈福用的！每当他听说有人也喜欢贾岛，就大喜过望，引为知己，必亲手抄录贾岛的诗相赠，还对人家再三叮咛："此无异佛经，归焚香拜之。"意思是要把贾岛的诗像佛经一样看待，得焚香礼拜。

是稍有点病态吗？也许有一点，但是人家不伤人不伤己，尤其是为贾岛祈福的举动让人感动。

在唐代，还有一个追白居易到了疯魔程度的人。

此人乃荆州人氏，姓葛名清，单纯为了表达对白居易诗作的喜爱，他"自颈以下遍刺白居易舍人诗，凡三十余处"。这里简单解释一下"舍人"，是因白居易做过"中书舍人"的官，正四品，官阶虽然不算太高，但是皇帝的近臣，首席大秘。

据《酉阳杂俎》记载，这个从脖子以下全身纹满了白居易诗歌的葛清，也有个大心脏。他经常袒胸裸臂，把白诗露出来，于街头且行且歌。人们见了，都称他为"白舍人行诗图"。追星追到如此"袒荡"的境界，千古

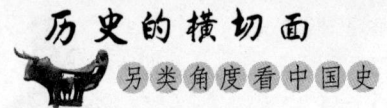

一人矣。

被人如此追崇的白居易也没有头大得找不着北,他本人倒是李商隐的粉丝,不过这个粉丝也有"自残"的倾向。《唐才子传》里记载,白居易晚年非常推崇李商隐,他说:"我死后,来世能做李商隐的儿子就知足了!"

白居易于公元 846 年仙逝,同年李商隐果然得了一个儿子,他也不客气,这个儿子就取名叫"白老"。小"白老"的大名叫李衮师,也能写诗。

说到取名,也是一个对自己的偶像表达敬意的方式,比如司马长卿追慕蔺相如,就把自己的名字改成了司马相如;左宗棠追慕诸葛亮,就自称是"今亮""小亮"。

高级的"追星",是对偶像的真正致敬。当然致敬的方式有很多种,只要是真正表爱意的,虽然有时也有些自贱的感觉,但只要是真性情,就不那么奇葩。

粉丝之异,独行的行

明星是真爱,那就不容别人说三道四,甚至有人还护短,与黑粉不共戴天。古人里也真有这样的。

乾隆五十五年的状元石韫玉极崇拜朱熹,见不得有人诋毁偶像。某天读宋人叶绍翁《四朝闻见录》,发现里面居然有吐槽诋毁朱熹的内容,他登时大怒,发狠要买下全城所有的《四朝闻见录》统统毁掉,可是手头又没那么多钱,只好拉过老婆,把她头上身上的首饰都撸下来,先去当了换钱。然后他把全城搜来的共三百四十多本《四朝闻见录》,放一把大火给烧了!

追星追得这么憨直,与黑粉隔代战斗,石韫玉也算是一枚极致的粉丝了。

那在古代就没有追星追得离经叛道的粉丝?当然也有。

苏轼就曾经遇到过让他都有点招架不住的女粉丝。话说他在杭州任职时，这一天和朋友正在西湖上泛舟喝酒，一位年过三十的女子突然发现了他，这女子实在太仰慕苏轼了，今天竟然撞上了一个活的！岂能放过？于是她不顾公婆的拦阻，只身雇船前来拜谒苏轼，要为他弹筝，还要向他求诗。

饶是苏轼潇洒倜傥，这位女粉丝还是让他太"尬"了。那是个讲究"妇道"与"妇德"的年代，他知道这位"私行"女粉丝付出了多大的勇气，可他不知道自己怎么做才能不伤她的面子……

曾经提过一个词叫文人相重，在头条上得到不少朋友的肯定。在古代，文人之间曾经有一句追星的特殊句式："愿为×门下走狗。"比如郑板桥就曾经治印一方，上书"青藤门下走狗"，"青藤"指的是明代画家徐渭，诗画均登峰造极。郑板桥的这格调甚至超出了张爱玲所说的把自己一直低到尘埃里，可见其崇拜之深、倾慕之烈。

齐白石也是徐渭的狂热追崇者，他说"恨不生三百年前，为青藤磨墨理纸"，意思是要能给"青藤"当个书童，也是生平快事。齐白石后来又作诗：

青藤雪个远凡胎，缶老衰年别有才。
我欲九泉为走狗，三家门下转轮来！

前面说的都是粉丝追星的状态，要从明星的角度来说，被人狂追兴许是一种很爽很爽的感觉。但这一点上大家都有共识，都低调，一直也没有哪个明星敢表达一下自己被追的得意心情，因为怕被人说是中山狼吧？

也有例外，那谁敢冒这个天下之大不韪呢？

还是风流不羁的苏轼哟。

那年，苏轼从岭南流放归来，到了毗陵，就是今天的常州，"病暑，着小冠，披半臂，坐船中。"天气大热，他头戴着便帽，穿着件背心，很随意的休闲装。但是在运河两岸上，"千万人随观之"，粉丝们顶着烈日追着他的船行走，他受人爱戴竟然到了这样的程度！

苏轼倒也一点也不装蒜，顾坐客曰："莫看杀轼否？"

苏子拿当年的卫玠开了一个玩笑，其活脱自在的形象简直呼之欲出！

笔者不是个盲目的复古崇古主义者，但在追星这点上，现代人追的是浮华和脂粉气，古代人追的是文化和精神气，所以，有点看不上现代人的追星。

如是而已，如有言语冲犯，在此唱个肥喏，请恕罪则个。

✵ 参考书籍

《唐才子传》《郡斋读书志》《云仙杂记》《宋史》《酉阳杂俎》《晋书》《世说新语》《云仙散录》《邵氏闻见后录》等

姓氏排座次，三大姓都该来山西拜一拜？

2018年，中国大陆王姓人口达到1.015亿人，占总人口的7.27%，成为全国第一大姓；紧随其后的是李家，达到1.009亿，占7.23%；排名第三位的张家，人口总数是9540万，占6.84%。哦哟！张家也不弱，光张伟就有近30万个。这是公安部户政管理研究中心于2019年1月公布的官方数据。

当之无愧的三大姓，占全国总人口的21.34%。三大姓的子孙遍布天下，但是如果追根溯源的话，这三亿左右的人似乎都应该来山西拜一拜，因为他们姓氏的起源大抵都与山西有关。

天下王氏出太原

王氏姓源比较复杂，但一般来说，以源自周文王姬姓子孙的那一支名气最大。相传周灵王姬泄心时，太子晋（字子乔）曾对其直谏，触怒龙颜而被废为庶民。太子晋去世后，他的儿子敬宗出任司徒，有感于王室衰微天下将乱而辞官远去，避居于太原。因为他们是王者之后，时人称之为"王家"。敬宗一脉后遂以王为姓，以太子晋为系姓始祖，从而开创了太原王氏。敬宗死后，就葬在晋阳城北，称为"司徒冢"。

历史的横切面
另类角度看中国史

王氏郡望共有二十一处，而太原为王氏各地郡望之首。王氏的衍派据说如今已有二百多个，这其中很多都是由太原王氏衍生而出的，因此有"天下王氏出太原"一说。

在太原晋祠博物馆内，有一座子乔祠，建于1526年，为中国王氏宗祠代表。这是明代重臣王琼为纪念先祖太子晋所建。祠内有保留至今的历代王氏族谱，足以证明太原王氏就是中华民族王氏的开元始祖，而太原也就成为海内外王氏之祖地。

1993年4月，"太原93世界王氏恳亲联谊活动"曾在这里隆重举行。

祖宗虽远，祭祀不可不诚。所以，王姓后人如果来到太原，到晋祠的子乔祠拜一拜，虔诚地给始祖上一炷香还是很有意义的。

李姓鼻祖是狱神

李氏后人普遍认为他们的血缘先祖为上古四圣之一的皋陶（gāo yáo）。

皋陶，在尧和舜时期任士师、大理官，负责刑罚、监狱、法制，可谓中国有史以来第一位大法官，当之无愧的中国司法鼻祖也，被后世奉为"狱神"。汉代，他的画像曾被供奉在衙门里。

皋陶何以被奉为李姓的血缘始祖？根据《路史后记》《宗室世系表》《汉书人名表》《中国姓氏寻根》等史书记载，皋陶历代子孙世袭"大理官"的职务，故称理氏。商末人理征固执法不阿，得罪纣王被处死，其子利贞逃往伊墟，避难时，靠李树果实充饥，为了感"木子"果实之恩，便改"理"为李氏，利贞的六世孙李耳就是著名的道家思想创始人老子。

据《唐书宰相世系表》记载："理，出自嬴姓，皋陶之后，世为大理，以官命族为理氏。"又载："理，李古字通，老子因祖为理官，以为姓。"

到了唐朝，李姓为国姓，欧阳修编撰《新唐书》，为李唐王朝作宗室世系表时，按历代李姓宗支从皋陶一直排到唐高祖。

有关皋陶故里，一直以来有两种说法，一说是山西洪洞县甘亭镇皋陶村（官名士师村），一说为山东曲阜。据《明一统志》《大清一统志》载："皋陶，洪洞人，县南十三里，墓木之西，庙于崇坡之上，守臣以岁祀焉，制律也。"《洪洞县志》载："皋陶出生在洪洞县士师村，死后葬村东二里许，村东北建祠。庙、墓数千年在焉，祭祀不断。"

且不说有碑有墓，单说皋陶村距离尧的活动中心临汾不足三十里。传说皋陶用"獬豸决狱"，獬豸是一种类于羊的独角神兽，能辨是非曲直，识善恶忠奸。而距离皋陶村不到十里地，即有村名羊獬村，神话与现实好像并不遥远，甚至让人觉得传说也不是空穴来风。所以个人认为，皋陶故里为山西洪洞的可能性较大。

2009年，在最高人民法院鼎力支持下，洪洞建成全国首座"华夏司法博物馆"。

退一步讲，不管皋陶的祖籍在何方，他活动的主要区域是在山西那是没跑的，所以李姓后人，来凭吊一番先祖的遗迹，在大槐树祭祖园里磕个头也是很正当的。

"太原张氏遍天下"

近亿人口的张姓摘得了姓氏榜上的探花。张，也是星名，属朱雀七宿中的第五宿，天象的排列形状似弓。故张是擅长制造弓箭的氏族崇拜的原始天象图腾，进而成为氏族名、地名和姓氏。

张姓始祖张挥，是弓矢的发明者，因弓箭的诞生对社会影响大，所以黄帝封他为弓正，职掌弓矢制造。后又取弓长之意，赐姓张，封地清河，因此，民间也有"天下张姓出清河"的说法。

张姓的另外一支出自黄帝姬姓的后代。据《通志氏族略》所载，春秋时，晋国有大夫解张，字张侯，其子孙以字命氏，也称张氏。又载，张氏世仕晋，公元前403年，韩、赵、魏三家分晋，除部分留在原地外，大部分随着三国迁都而迁移，是为山西、河北、河南之张氏。

与山西有重大关联的是张挥之孙台骀，因其成功治理汾河水患，故受到颛顼嘉奖而将其封于汾川，被后世尊为汾水之神。这位治水英雄早于大禹，可以说是中国历史上成功治理江河的创始人。

台骀一生活动在汾河流域，对山西有拓荒之勋、启蒙之恩、开化之惠，是名副其实的"开发山西第一人"。由于汾河流域水患得到根治，其后的尧、舜、禹相继在汾水流域建都，华夏文明在此燃起星星之火。

张氏始祖台骀庙位于太原市晋源区王郭村的东北角，为目前我国有史可查的最早的张氏祠堂，为纪念张氏先祖——一世祖挥、二世祖昧、三世祖台骀而建筑的家族祠堂，民间俗称"台骀神庙"，张氏子孙称"始祖庙"，这里也被称为"除黄帝陵之外中华第二最古景观"。张氏子孙由此繁衍生息，"太原张氏遍天下"，所言不虚。

台骀神庙在汾河流域先后建有多处，目前尚有迹可循的有侯马、汾阳、介休、宁武、太原晋祠和王郭庄六座，这是张姓子孙应该引以为自豪的。

过去民间有个说法，叫"张三李四王二麻子"，想不到走到今天，依然是人家三家雄霸天下。还有一种说法，叫"张三李四王五赵六"，看来过去姓赵的数量也很大，这次人口普查，赵姓人口为2860万，排在第八位。

要是张三李四王五都来山西了，赵六更应该来，因为老赵家公认周穆王时的造父是汉族赵姓之始祖，"造父因功受封于赵城，其子孙因邑得氏"。

造父，嬴姓，赵氏，中国历史上著名善御者。传说他调教了八匹骏马，周穆王坐上造父为他驾驶的马车，曾经西行至昆仑山，见过西王母。后来徐国造反，关键时刻，造父驾车日驰千里，使周穆王迅速发兵平定了叛乱。由于造父立此大功，周穆王便把赵城（今山西洪洞一带）赐给他，自此以后，造父族就称为赵氏，为赵国始族。更值得一提的是，几十年后，造父的侄孙赵非子又因功封于秦（今甘肃天水一带），这是秦国始祖。难怪后世有秦晋之好，原来根上本就是一家子。

说到洪洞县，又让人想起了杨姓，这也是个拥有4620万人的大姓，排名第六，杨姓最早源于春秋时期的杨国，也就是今天的山西省洪洞县。

✱ 参考书籍

《宗室世系表》《汉书人名表》《中国姓氏寻根》《通志氏族略》《洪洞县志》《明一统志》《大清一统志》

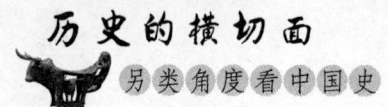

一个繁体"藝"字，就把成功学说透了

繁体"藝"字，其中藏有大道理，试把这个繁体字解析给大家：

作为一个艺术工作者，不管你专注什么样的领域，你本来是一棵小草，草根，和大家一样的普通生命，这是"藝"字上面草头的意义。你不努力生长，不奋力把自己的根往下面的"土"里扎，你就没有出头之日。就只努力一点，扎进一层土壤还不行，下面还有一层更深的沃"土"。当你含着热泪再把自己的根系深深地扎下去，也许十年也许二十三十年甚至更久，在人背后默默地坐着冷板凳或者挥汗如雨时，你所能感受到的就是右边那个"丸"字，这就是药，就是一个苦字，也许还代表着"病"，不脱几层皮，不呕心沥血，不疯魔不成活。

当你经历了这些死去活来化茧成蝶的过程之后，下面的一个"云"字是对你所有付出的回报。你的艺术水平实现突破，所谓壮志凌"云"，你从泥土里青"云"直上，最初那个小草一样的你与现在长成参天大树穿入"云"层的你，已经判若"云"泥，同时，大家也像仰望云霞一样仰视你的艺术成就了。

台上一分钟，台下十年功。这道理大家都知道，没有一个人能侥幸成功，每一个艺术家的作品都是用泪水和汗水浇出来的。这些还都不说，最让人感慨的是"藝"字中间的那个"丸"字，我知道的，多少真正玩命的艺术家行李箱里都随身带着药。

笔者认识的几位戏剧大家，他们的膝盖都有损伤，有人还不止落下一种病，他们几乎是在用自己的命在演戏。所以，把这个"藝"字大大地写出来，送给他们，是当之无愧的。

三国时，书法家钟繇用重金买下《九势八字诀》，终日拿在手中，连大小便时也要披览。有几次他去厕所，因揣摩字体间架入迷，半天没有出来，急得家人到处寻找。钟繇一生活了七十九岁，他临终前曾捧着《九势八字诀》谆谆嘱咐儿子钟会说："吾精思三十余载。行车未尝忘此，常读他书未能终，惟学其字，每见万类，悉书象之。若止息一处，则画其地，周广数步；若在寝息，则画其被，皆为之穿。"要不入迷到这种程度，是不会成为承前启后的大书法家的。

顺便想发点感慨，"藝"字也是一个例子，有些简化字确实太不合理，简掉了汉字本义里的灵魂，比如有人总结的"親不见，愛无心，麵无麦，廠空空"，等等。

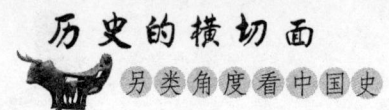

诗人"一语成谶",仿佛预告自己的死亡,惊到难以置信

文字似乎是能通鬼神的,所以写东西的时候应该格外小心。有时候一句话说不合适,竟然会埋下自己大运的伏笔,简直让人瞠目结舌。当年那位志满意骄的隋炀帝,其实文才武功都相当了得,曾经做过一首《索酒歌》,原文如下:

宫木阴浓燕子飞,兴衰自古漫成悲。
他日迷楼更好景,宫中吐焰奕红辉。

这首诗在隋炀帝的诗作里算不得好,但是他自己挺喜欢,还经常让宫人唱,可他万万想不到,后来叛军杀来,他被人一索子勒死,而他的诗里的迷楼果然"吐了焰",被乱军一把大火给焚毁了。

还有写《登高》的杜甫,一生穷困潦倒,从他的诗里也能看得出来:

万里悲秋常作客,百年多病独登台。
艰难苦恨繁霜鬓,潦倒新停浊酒杯。

似乎把自己的一生做了一个痛苦的总结，孤苦无依的他写这首诗时漂泊在夔州，三年后黯然离世。

比杜甫晚一点的是杜牧。那年他急急忙忙地进京，还不忘作了一首没来由的诗，名字叫《隋堤柳》，是这样写的：

夹岸垂杨三百里，只应图画最相宜。
自嫌流落西归疾，不见东风二月时。

杜牧这次是从湖州回京，拜为中书舍人，结果回京后果真病逝，真是一语成谶，让人几乎不能相信。

更让人难以置信的是宋代的秦观，他也是仕途不顺，屡遭贬谪，因为深度介入新旧党之争，有人竟欲置他于死地。他曾经做了一个梦，醒来之后就手填了一首词：

春路雨添花，花动一山春色。行到小溪深处，有黄鹂千百。飞云当面化龙蛇，夭矫转空碧。醉卧古藤阴下，了不知南北。

1100年，宋哲宗去世，宋徽宗继位，大赦天下。秦观在奉诏北返途中，经过藤州，竟死在了这里的光华亭，果然是长卧"古藤阴下"了。周济云在《宋四家词选》中这样评价："概括一生，结语遂作藤州之谶。"

宋代的另一位大词人是贺铸，"长身耸目，面色铁青，人称贺鬼头"，长得是有点磕碜，但词确实写得太好了，一首《青玉案》"若问闲情都几许？一川烟草，满城风絮，梅子黄时雨"迷倒了多少众生。

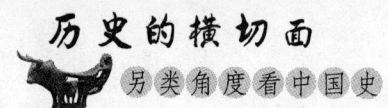

贺铸还在这样一首词中写道：

当年曾到王陵铺，鼓角秋风，千岁辽东，回首人间万事空。

贺铸晚年寓居常州，就老死在了常州的北门，而那个北门之外，恰恰就有一个"王陵铺"。他长眠于此，"回首人间万事空"，难道又是一个不小心"一语成谶"的？

少年时候也爱胡乱挥毫，写些不着调的诗词，记得曾经有句为："三纪男儿功未立，灯前看剑愧难当。"也不知道当时怎么就胡诌出这样的句子，反正也是"一语成谶"，果然到四十岁都没有什么建树，真让人哭笑不得，想打自己的耳光。

✱ 参考书籍

《全唐诗》《全宋词》

今古杂谈

在清代考个秀才究竟有多难，比现在考个博士还难吗？

当我们今天很轻易地说出秀才，甚至酸秀才及腐儒之类的俏皮话儿的时候，如果真给当年的秀才们听到，估计都得捧一把清泪——无知小儿！你以为当年取个秀才那么容易吗？七八十岁的童生都多得是！一般人知道的是，十年寒窗无人问，一举成名天下知，不就是苦学吗？老秀才会说："哈！""一举"那都是后来的事，想当秀才先得经过十几道考试，你以为！要是肚皮里没有点真学问，不考你个皮焦里嫩，你怎么知道那叫苛(科)举！

先来看这样一组数据，想去参加科举至少需要背诵下列书籍：《论语》11 750字、《孟子》34 685字、《书经》25 700字、《诗经》39 234字、《礼记》99 010字、《左传》196 845字。反正这些合计下来共计有47万多字。要是已经被这个数字吓住了，就还是趁春暖花开去放马砍柴吧。

那这些书是怎么学来的？咱就以清代为例，先说说私塾蒙馆的事。你家爹老子如果有钱，可以请个一对一的老师来专门教你，大概先从《三字经》《千字文》《百家姓》这些学起，不好好学，就用戒尺打手心，打得你像杀猪宰羊翻白眼，你爹疼得往心里掉泪还得给先生点赞！

普通家庭，孩子不用放牛的，可以去上"朋馆"，就是大家凑份子办的村塾或者义塾之类，交点学费就能去摇头晃脑地"天地玄黄叫一年"了。

这里所学的知识除了四书五经，还有《唐诗三百首》，古文则修习《古文观止》，旁及《纲鉴易知录》等。然后重点学习八股文法，次及诗，先习一韵，加至六韵，即为合格。如果你头脑还算聪明伶俐，能学到这个份儿上，就算完篇。完篇是一个很正式的词，平时别乱用，因为这时候你爹娘还得摆酒宴请先生，送礼敬，正宗的叫法是"完篇酒"，意思是，从此我家小子可以出去应考了！

你要去应考，可以称为童生，想穿秀才的长衫，还有迢迢千万里。

第一关，县考关。共五场，知县大老爷是主试人。第一场考《论语》《大学》《中庸》，时文一篇，《孟子》文一篇，还得写试帖诗一首。头场发榜，第一名称为案首，如果您在十名之外，就请回家休息不送。

第二场考时文一篇，五经文一篇，试帖诗一首，不取者不得入第三场！

第三场来的更是硬货，先得上八股文一篇，还得来史论一篇，再加试帖诗一首，写得不入知县大老爷的法眼，您就拜拜了。

第四场试杂作，律赋一篇，古近体诗数首，外加时文一篇。此时如果你还活着，并能完成这项任务，还得到了大老爷的首肯，恭喜你可以参加第五场。这场考的是时文起讲之类，相对容易一点，最重要的是能蹭上吃终场饭了。县官再小气，也得给考生备饭或者点心，就是孤寒到让你吃点自助餐，你也算是蹦到锅沿上的米，值得为自己庆贺一番了。

第二关，府考关。这是知府主办的考试，他把所辖各县已经通过县考的童生们召集起来考一回，规程还是像县考一样，整整五场！考完了发榜，榜上没有您的大名，对不起！这次您不幸歇菜了。

第三关，院考关。通过了府考你以为就是秀才了吗？别急，还有院考等着你。这是学使组织的大考试，学使老爷任期三年，但是懒到只考取秀才两次，第一次叫岁试，第二次叫科试。注意这里有抄近道的人，如果您不幸错过了府县考试，倒是可以直接报名参加院试，只是需要一大堆的担保手续，要"认保"要"派保"。如果没有县里的学官派廪生给担保，才高八斗的您，就只有在考场外哭的份儿。

院考试题为《论语》《大学》《中庸》题目八股文一篇，《孟子》题目八股文一篇，五言六韵试帖诗一首。

规定天不亮鸡刚打鸣就入场（这需要一只表现多么稳定的公鸡呀），在掌灯之前交卷。

第二天就进行复试，或作起讲，或作八股文两大比，限香一寸。看来要的是思维敏捷的快刀手。

这重重险关都过了，如果您还能挺到发榜，发现自己高中了而不像范进一样疯了，您真有定力！

需要郑重声明的是，古代也从来都不是一考定终身，中了秀才以为一辈子就是秀才吗？为了防止你荒废学业，以后每年都要重考一次，叫"岁试"，岁试合格者才能拿到考"举人"的准考证。

家里出了一个这样千辛万苦考出来的秀才，对于大多数人家是祖坟上冒青烟的事，需要去含泪拜祭并告慰的。实际上秀才得到的特权很有限，可以穿长衫，当然暴发户再有钱也不能穿，否则县官打屁股。另外就是见县官不用下跪，因为你有一肚皮的学问，他怕自己当不起。

真正想要改换门庭，你得继续往上考，考上个举人，那才算是大放光明（疯了都能被人原谅），但那估计比现在考个博士难多了。

一年近三分之一的时间休息，跟古代上班族比，还是我们幸福得多

现代人动不动就想玩穿越，别的你适应不适应不知道，单说这假期，你可能就受不了。你觉得穿越唐朝挺好的吧？错！工作十天才休息一天，累不死个你！

我国现行法律规定，法定节假日总天数为十一天：新年一天、春节三天、清明一天、劳动节一天、端午一天、中秋一天、国庆三天。另外一周休息两天，五十二周还能休息一百零四天，总共算下来我们有一百一十五天可以在家里美滋滋地横着。一年三百六十五天，我们有近三分之一的时间可以自由挥洒。

那古代的上班族呢？印象里他们是不是比我们更自由？

那您可就想错了，据《汉律》记载，西汉典章制度明确规定："吏员五日一休沐。"意思是说政府工作人员连续工作周期是五天，然后有一天固定休息，名为"休沐"。五天才可以休息沐浴一下，我们现在的工作周期也是五天，但可以休息在家"木"两天哦！

有人说，休息就休息，为什么叫"休沐"？这是因为古代男子也是蓄长发的，"身体发肤受之父母"，怎么能轻易毁伤呢？平时弄个髻挽着，

再戴上个高帽子,所以洗发是个麻烦事。放假了,才能把公服脱了,痛痛快快洗一回,马上可又干不了,何不用电吹风?嘿嘿!他倒是想!没有什么好办法,也只能把长发披散开,慢慢晾干而已,所以洗澡进去冲冲就蹿出来了,可能都比洗发快。

东汉也是萧规曹随。司马迁在《史记·百万君传》中说道:"官员每五日洗沐归谒亲。"相比西汉时期的规定,这时的"休沐"不但可以洗澡休息等,还可以回家看望老小、夫妇团聚。大官住官署,钱多事少离家近,一般干部五天才能回趟家,也是好辛苦。

本来这也休得好好的,可是到了奋发图强的唐代,几百年的每五日一休变成了每十日一休,即在每月的上旬、中旬、下旬的最后一天休息。这次让官员们集体晕倒的改革是在唐代永徽三年即公元652年开始的。当时国家太忙,于是朝廷就下令改了,谁也没办法,"旬休"由此开始。从此一个月只剩下可怜的三天休息时间,这三天宝贵的休息时间被称为上浣、中浣、下浣。"浣"字太妙了,不浣不行啦,连续工作九天,冬天还好说,夏天呢?官员们身上是不是经常是馊的?

这个倒霉的"旬休"制度并没有随着唐朝的灭亡而消亡,宋、元两代沿袭下来了。好在宋朝还算人性化,节假日给得多。据宋史笔记《文昌杂录》记载,元日(春节)、寒食、冬至各放假七日;天庆节(正月初三)、上元节、天圣节(皇帝母亲生日那天)、夏至、立春、人日、中和节、清明、七夕、末伏等也都放假。这样,一年的法定假日达到了七十四天,加上三十六天旬休,共有一百一十天,宋代官吏们的假期幸福指数已经非常接近我们了。

放假了,踢个球耍子?

明清两朝,政府官员心里苦,朝廷不讲理,简直倒行逆施,连"旬休"

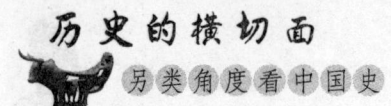

也逐渐削减甚至取消，全年只保留三个假期，即春节、冬至及皇帝的生辰。具体是月假三天，加上元旦、元宵、中元（农历七月十五）、冬至等节日可放假十八天，每年休假只有五十多天。

五十多天？对于康熙朝的大官们来说也已经相当奢侈了，勤政的康熙规定每日一朝，除了他有病，你官当到那个份儿上，就每天都得去伺候着。如果没犯什么错误，到七十岁才能上折子请求皇上批准退休，他们用了一个特别可怜兮兮的词——乞骸骨，意思是快让糟老头子回家等死去吧，再熬下去，这把老骨头在朝堂上就快散了架啦。可以想象一下，要是皇上批了，真让退休，那还不得高兴地蹦着回家？

这样一直执行到了1910年，清朝政府也开始接受一些西方的东西，定星期天为公休日，算是一个不小的进步。可惜好景不长，没一两年，大清就亡了。

✱ 参考书籍

《汉律》《文昌杂录》《史记》

隋朝和秦朝惊人的相似，历史真是一个轮回？

有人总结了中国历史，发现某些朝代有相似之处，就想当然地认为历史发展是一个轮回。

比如从周开始，分西周东周，各国混战，到秦统一，汉大盛，这是一个轮回。然后是晋开始，分西晋东晋，南北朝又分裂混战，被隋统一，唐大盛，这又是一个轮回。

似是而非。那晋和汉的中间还有一个三国时期呢？怎么能视而不见，任它凭空消失？

何况历史不是仅一个中国存在，如果同时世界其他地区的发展也是相同的轨迹，那似乎还有一点说服力。

历史沿着其内在的规律前进，分久必合、合久必分的发展是线性的，在必然中有偶然，在偶然中有必然。而轮回有始有终，朝代更迭不是覆灭，也没有涅槃重生，所以上述"轮回"仅仅是时间维度里某两个历史阶段相似的巧合。它们仍然在一个共存的世界里，就像在空间维度里，这个世界上没有两片相同的树叶，即使有，它们也会沿着不同的轨迹飘落，有各自不同的归宿。

如果说历史是一个轮回，需要把眼光投入更深远的历史时空里去。

历史的横切面
另类角度看中国史

地球上最早的生命出现在四十一亿年前，而本届人类从原始人类发展到今天的文明程度，也仅有区区几百万年的历史，这在地球几十亿年的进程中，只是简短的一个片段。

放眼四十六亿年的地球历史，谁也不敢说我们之前有没有出现过类似于人类的高等生物。

有还是没有？有人认为有，他们把上一届地球人类留下的一些遗物称作史前文明，这些遗物让本届人类头大如斗，难以解读。

比如英国四千年前的巨石群；比如非洲加蓬共和国曾存在着一个大型的链式核反应堆，有人推测其使用期在二十亿年前；比如发现于秘鲁利马以南二百英里的沙漠中的纳兹卡图画，一个明晰的图画大概长三十七英里，宽一英里，这应该也不是本届人类所能做出来的。

再回看中国，有人把《周易》也称作史前文明的遗存。

如此来看，有起源，有发展，有高潮，有毁灭，这似乎才是一个轮回。

那地球上的文明轮回已经有多少次了呢？这些史前文明为什么会消失？

虽然现在不能确切知道，但对于本届地球人类的警示意义在于，人类对于毁灭性武器的研究应该是在自掘坟墓，和平发展才是人类之福。

有人说，本届人类把地球折腾祸害得够呛，留下的"杰作"也不少，这一番轮回过后，我们会给这个地球上留下哪些斑斑劣迹？

这个倒不用担心，只需要十五万到二十万年，仍然是地球寿命之中一瞬的时间，人类留给这个地球的所有痕迹都将消失，连钢筋水泥和辐射污染都会随风而散，后人将很难找到本届人类曾生活过的证据。

那时，地球会修复自己所有的伤口，一个新的轮回又在酝酿之中了。

今古杂谈

说中国人是日本人的祖先，是五百童男童女还是"归化人"？

要说日本派到中国来学习的遣唐使，那都是后事了，仅从这一点来说，中国人只是日本人的师父，谈不到当祖先。要说祖先，有人立刻会想起那个带着五百童男和五百童女的徐福，此人入海求仙，下落杳然，却留下了一段神奇而浪漫的传说。

传说虽然缥缈，但太史公司马迁信了，于是他在《史记》卷六《秦始皇本纪》中有如下记载："齐人徐市（fú，即徐福）上书，言海中有三神山，名曰蓬莱、方丈、瀛洲，仙人居之，请得斋戒，与童男女求之。于是遣徐市发童男女数千人，入海求仙人。"

有不少人据此认为，现在的日本人至少有一部分是徐福的后裔，当然，这里还有一个物证，那就是在日本的和歌山县熊野山前，还保存着"徐墓"，至今血食不断。

到五代后周时，有位和尚义楚著有《义楚六帖》，其中《城郭·日本》一章中说："日本国亦名倭国，在东海中。秦时，徐福将五百童男、五百童女止此国，今人物一如长安……又东北千余里，有山名'富士'，亦名蓬莱，……徐福至此，……至今子孙皆曰'秦氏'。"

历史的横切面
另类角度看中国史

这是中国古代文献中第一次把徐福东渡与日本联系在一起的记录。太史公那边并无下文，到这里好像把这事儿坐实了。因为义楚与日本来中国的僧人宽辅（弘顺大师）有交往，他听宽辅都这么说，当然信以为真。

再往后，大家就都信了，欧阳修也信了，写了《日本刀歌》（略），朱元璋也信了，还写了一首合辙合韵但没什么诗味儿的御制诗：

熊野峰高血食祠，松根琥珀亦应肥；

昔年徐福求仙药，直到如今竟不归。

至此，似乎板上钉钉的事实了。连日本的《神皇正统记》里也有相应的记载。那么我们就此相信也无可厚非，但是考古学家却不这么认为。

2012年，日本新潟县胎内市古坟时代遗址内出土了一面古铜镜，经研究鉴定，该铜镜是中国后汉或魏晋时代的"盘龙镜"。

考古学家向来是以事实来说话的：日本大正年间（1911—1925），考古学家们在日本的西南海岸，发现了大量的铜铎、铜剑、铜鉾（古同矛）等金属器物。经考证，这是公元前4世纪或公元前3世纪起，至公元前1世纪的器物。这事的好奇之处在于，这些器物与中国大陆出土的极为相似，有的甚至完全一致。

经过审慎的研究和推断之后，考古学家们得出的结论是，这些物件出自那个时期从大陆迁到日本的"归化人"。

至此，本文的主角"归化人"才隆重闪亮登场。

"归化人"是日本人在人类考古学中的一个专用名词，是指上古时代从东亚大陆或南洋诸岛移居日本列岛的居民，他们与原日本人融合，而成为今天日本人的祖先！

1958年，在日本的九州岛东南的种子岛发现一批陪葬物，上面明明白白有"汉隶"，还有汉代爬虫样的图案，这个铁证可以推断：从战国后期至汉代，有不少的中国人向日本移民，成为当地的"归化人"。

在日本的第一部史书《日本书纪》中，载有"应神天皇十四年"（约2世纪左右）"融通王弓月君率秦人来归"。以后类似的记载不断，到公元815年，日本编成《姓氏录》，载有"仁德天皇（约公元前1世纪）时，秦氏流徙各处……得九十二部一万八千七百六十人"。

看看这个统计就知道，归化人数量实在不少，日本天皇陵墓基本是归化人主持建造的，日本忍术也是归化人传来的，当然还有铁器生产、制陶、纺织、金属工艺及土木等技术。最最重要的是，归化人带来了汉字。

当时日本的不少高级官员，都是由归化人的后裔担任。日本现存最早的一份档案文书——《倭国王武上宋顺帝表》，用语典雅，四六骈体，那可完全是六朝的风韵。公元604年，日本颁布的"宪法十七条"，每一条依据的都是中国儒学经典。这些可都是在遣唐使之前的事儿，说明中国文化是主导。当然清醒的日本学者也认账，著名史学家内藤湖南曾指出："奈良朝的学问是归化人的学问。"

秦氏、东汉直氏、西文首氏是归化人重要的氏姓巨族，他们的后人瓜瓞绵绵，繁衍扩展，不知凡几。直到今天，日本的羽田、波多、羽太、八田等姓氏，日语发音均为"ハタ"（hata），意为"机织人"，他们仍然自豪地认为自己的祖先是汉魏时期来自中国的移民。

9世纪初，日本编纂《新撰姓氏录》，在天皇政府中，属归化人系统且拥有一定政治地位的氏，在京城、山城、大和、摄津等地区收集起来的

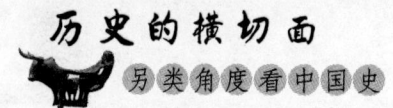

共有三百二十四个,约占日本全部氏的30%。

日本史学家中村新二郎说:"只要统计一下我们祖先的数字就明白了。……必须承认,我们不论谁的血液中,都含有10%或20%古代归化人的血液。虽然流行着我们的祖先同化了归化人的说法,但并非如此,归化人就是我们的祖先。……"

虽然也有人嘴硬,说是日本原土著同化了归化人,但是我们用腮帮子思考一下也知道,一群有文字、有思想、有技术、有礼仪的"四有新人"来到了一个啥玩意也不成熟的土著岛上,是谁教化了谁?

所以,当越来越多的归化人来到日本,他们也不知道谁才是最初的行者,于是就把这个缘起附会到了一个可以被附会的徐福身上,然后敷衍成一个神奇的故事,也就不足为奇了。

※ **参考书籍**

《史记》《义楚六帖》《日本书纪》《新撰姓氏录》

金兀术的孙子叫羊蹄？呵，古人怎么还有人叫猪狗？

一直觉得古人名字起得都是非常讲究的，字义也好，叫着也好听，像什么顾恺之、王羲之，什么钟子期、陈子昂，什么陶渊明、王阳明，就是到了清代，也有一个很美的名字叫纳兰容若，再近点的苏曼殊等，都美不胜收。

但是想不到，古人也有特别不讲究的名字，如战国末期赵国将领叫赵葱，而汉章帝刘炟的玄孙竟然叫刘蒜，这也算是重口味了，但还不能算太难听。

接下来，请做好准备，在下给您报上一堆古人里特别难听的名字，好让看官您的五脏移位……

《左传》里卫国有人叫卫狗！而郑国就有人叫堵狗！呵！《史记》里记载韩国竟然有位公子取名为公子虮虱的，真让人起一身鸡皮疙瘩，也难为他的父母，难道跟孩子有仇吗？

在《汉书》的"古今人表中"，赫然有一位司马狗，还是卫宣公的大臣，这名字让大王真是放心呐！哈！还有汉代郦食其的儿子竟然取名叫疥，郦食其好歹也是个读书人，是想表明自己就是那么狂放吗？这位郦疥先生打了不少仗一直不能封侯，难道是刘邦看着这名字就别扭？

《汉书》里还有，梁冀的儿子叫胡狗，这难道是小名大用了？还有个叫魏元叉的，本名竟然叫夜叉，你是专门出来吓唬人的吗？要说吓唬人，北齐有人叫颜恶头，而南唐竟然有个叫冯见鬼的，看官自己慢慢消化……

　　接下来，《宋史》中刘继元的儿子叫三猪，儿子也不是那么蠢笨吧？这还不好笑，辽皇族有个西郡王，大名叫驴粪！你是有多么的愤世嫉俗呢？

　　看官说了，唉！荒蛮之地的人就是这么不讲究吧？要不，怎么《金史》里会有个刑部郎中叫海狗，还有叫李瘸驴、唐括狗儿、完颜猪儿的。

　　这里郑重推出介绍，大金国的顶柱柱金兀术的孙子竟然起了个名字叫羊蹄，真想问问他，这羊蹄到底有什么可取之处，也好让人开开眼界？

　　兀术肯定会说，那胡沙虎的儿子叫猪粪，还封了个濮王呢，我孙儿叫羊蹄，闪着你的腰了？

　　看来胡人对于狗是有特殊感情的，毕竟是游牧民族最忠实的伙伴。

　　所以在《西夏传》里还有叫纥石烈猪狗的，同时代还有叫耶律赤狗儿的。到了《元史》里就更多了，计有郭狗狗、石抹狗狗、宁猪狗等数人。

　　有个叫伯答沙的，也是大元朝响当当的清正宽厚的丞相，可他给二儿子起了一个让人百思不得其解的大名，竟然就叫泼皮！

　　我曾想，"狗蛋"也许就是名字的极限，想不到古人的脑洞如此之大，像"泼皮"这样的名字，能起到这个份儿上，也算是空前绝后了。

※ **参考书籍**

《左传》《汉书》《史记》《宋史》《西夏传》《金史》

躺枪的南十方和涅槃的北十方

如果您是外地人，有位太原后生哪天不高兴地对您说："你不是从南十方出来的吧？"哈！您得注意了，他这是认为您神经烂舞，有"蛇精病"的嫌疑，实在是大不妙。

太原人故意把神经病说成是"从南十方出来的"，南十方于是躺着中枪。人家本来是个寺院，谁也没惹谁地在那待着，谁知道后来寺院旁边起了一座太原精神病医院，而某某某某人被送进这家医院后，大家都心照不宣地说是送到南十方了。长此以往，南十方就被坐实了，实实在在一个"李代桃僵"。好在佛门宽大慈悲为怀，第一波罗蜜就是忍辱，一个浮名而已，算得了什么？

"南十方"初名净业庵，建于明初。明末向东扩展，称清凉寺，后又易名为"白云寺"。又因寺在太原南向，俗名南十方院。

写这儿，就有疑问，全国各地有不少十方院，太原特别冠以"南"字者，是不是和"北"对应？老祖宗应该不会无的放矢吧？

还真说对了，既有南十方院，就有北十方院。在今天北中环路、太钢南门向东不远，有一条窄巷，里面仅有二十来户人家，诶！这里就叫"北十方院"。

历史的横切面
另类角度看中国史

北十方院就是盛极一时的千寿寺，始建于明朝万历年间，香火相当旺盛，光是乾隆年间兴建的舍利七级浮屠宝塔就高达十三丈，按今天的尺度来算，小四十米高，虽然比不上太原双塔的高度，但也比当年的鼓楼还高。如此南北呼应，足以睥睨自雄。窄巷的旁边现有几座高层住宅楼，应该有六十米的高度吧。光阴轮转，它们是当年的千寿寺塔在时间维度里的倒影吗？

当年日寇侵华，铁蹄践踏，后来烽火连天，古刹禅林在风雨飘摇中渐次衰败消亡。北十方院只剩下了一个名字，倒也印证了佛家的"成蛀坏空"。历史无情，让它"空"得仅剩一个虚名，也许未来城市再改造，怕是连这个名字也将入灭，那就算是真正地"空"掉了。

北十方院也就是如此了吧？太钢可以迁走，被时间迁走的千寿寺回不来了，千寿寺高塔的舍利呢？连北沙河边的沙地也回不来了，当年那里盛产甘美的西瓜哦。

历史总是得意地往前行走着，自以为是，一切由它挥洒。忽然就发奇想，"南"和"北"都有了，当年那么繁华的锦绣太原城，还有东西十方院吗？

查了查，还真有。历经劫火，枯木逢春，东十方院就是现在的宝林寺，西十方院就是西铭广仁寺。

这里顺便解释一下"十方"的含义，佛学中是指十个方位，即东、南、西、北、东南、西南、东北、西北、上、下。那什么叫"十方院"呢？寺院亦即丛林，佛教丛林因为住持传承的方式不同，可分为"子孙丛林"和"十方丛林"两类。子孙丛林，由自己所度的弟子轮流住持，是一种师资相承的世袭制。而十方丛林，往往邀请名宿住持，当然，要由官吏监督选举。

呵！南北东西，四方都有了，离"十方"也就只差六方了，如此，十方世界大概只有在太原才算是最接地气的立体呈现了吧？

紫禁城残缺了半间房有何深意？王翦的演技能得奥奖？

　　写《老残游记》的刘鹗给自己的书房取了一个怪名，叫"抱残守缺斋"，有后人解读他这并不是"自毁自贱"，而是要跟他收藏的那些残缺不全的古董厮守一辈子。

　　抱残守缺，又是"残"又是"缺"的，不像是什么好词，似乎跟"因循守旧、墨守成规、故步自封"之类为伍才是。参看《中国成语大辞典》，意为："1、守着残缺的东西不放，形容思想保守，不肯接受新事物。2、后常用来比喻泥古守旧。"看来，在编辞典的人眼里，它果真也算不得"高大上"。

　　不过，辞典在最后还附带了一条释义："亦指好古，虽有残缺亦不忍遗弃。"这算编纂者有心，没把这条实义给丢了，至少还让人看到真实义的一点端倪。把这一点套在刘鹗的"抱残守缺斋"上，也算是差强人意。

　　有人认为这个词的源头是汉代刘歆的《移书让太常博士书》："犹欲保残守缺，挟恐见破之私意，而无从善服义之公心。"但请注意，一个是"抱"，一个是"保"，一个是拥有，一个是捍卫，对境不同，其意可是南辕北辙。

　　以我的理解，"抱残守缺"是饱含着人生哲理的一种大智慧，而"保残守缺"才基本吻合了辞典里的那两个足够俗气的释义。

历史的横切面
另类角度看中国史

还是用事实来说话吧。在中国，一直以来，最讲究最臭显摆的人莫过于皇帝老儿，而他们家的大宅子紫禁城，据说里面的房子一共有九千九百九十九间半，"残"了一间，"缺"了半间，那为什么不补上凑个整数呢？那样岂不是更完满？难道他还缺那点银子？也许有人就想打别，说皇帝还让人叫他"万岁"呢，为什么不让叫"九千九百九十九岁半"？这个我还真不知道，不过，您要不嫌麻烦，那么叫也行，只是千万别穿越回去，弄不好"万岁"会弄死你。

中国的老祖宗们最懂得"月满则亏，水满则溢"的道理，他们认为"盈必毁，天之道也"。要不满整数才算是吉利，要不信，看看身边有没有百岁老人，他一般不说自己一百岁，总是谦虚地说九十八啦、九十九啦，他敢连说好几年，忽然有一回，就是一百零几岁了。有人分析得有理，这是对过分完美的一种戒惧心理。

还有一个例子，普通人家盖房子下罗盘，从来都不取正南正北，一般会错开15度，道理在哪儿？仅仅是戒惧吗？老祖宗们没说，说了的会被人指斥为迷信。您还别抬杠，非要拿自己的房子试试，除了寺庙和皇宫，保险起见，这事儿，还是"残缺"那么一点为好。

这样看起来，其实中国人嘴上说一套，行动起来又是另一套，在"抱残守缺"这儿就有所体现，而且这事干起来可不像平时那种"改天我请你吃饭"那么虚头巴脑，私下里都是茶壶里煮饺子，个个有数。

由此延伸到夫妻相处之道。正因为对方有这样或那样的毛病，才落到了咱的手里，如果对方真是十全十美，咱也许只剩下站在远处欣赏的份儿了。所以要珍惜眼前人，佛说，无论你遇见谁，他都是在你生命中该出现的人。

今古杂谈

大概是2006年,我去南宫古董市场上瞎转,买到了一个窑变釉蒜口小瓶,回来在日记里描述如下:

"高10公分,细颈鼓腹,釉色绚烂,令人沉醉。一面厚,如牛血凝,一面浅,如孩儿面,又如妃子笑。时常摩挲把玩,怜之爱之不肯释手。"

"此小瓶仅以三十元得之,盖因颈部已断也。予以精胶细心粘接,尚留微痕,不以为憾。若其完整,殊不知被富者藏之何方,一面之缘亦悭,今其虽有残,却可常相厮伴。"

这个小瓶让我进一步体会到"抱残守缺"的义理所在。凡事不求最完美,这是中国传统的道家思想的精髓。《周易》的第六十四卦不是"水火既济",而是"火水未济",花看半开,酒至半醺,这才是人生的真滋味儿。

所以老子才在《道德经》中说:"知其白,守其黑,知其荣,守其辱。"又说:"大成若缺,其用不弊;大盈若冲,其用不穷。大直若屈,大巧若拙,大辩若讷。"

有时候,人自污可免于被污,正像《聊斋》中的瑞云被道士点黑了脸,却保住了贞洁,还能与心仪的贺生终成眷属。在烦扰的俗世中,有时候不得不把自己涂上一身泥,以防止别人的算计。

有人就能把这种"抱残守缺"的保命手段施展得妙不可言,个中翘楚,我以为非秦国大将王翦莫属。

当年,王老将军统率六十万人马去远征楚国,他几乎带走了秦王的全部家当。临走前他给秦王提条件要"咸阳美田宅数处",秦王大笑,许之。等兵马到了函谷关,他又派人向秦王要"园池数处"。这简直是贪得无厌甚至有点乘人之危的卑劣了,以至于副将蒙恬都看不过眼了:"老将军之请乞,不太多乎?"王翦悄悄地说:"秦王性强厉而多疑,今以精甲

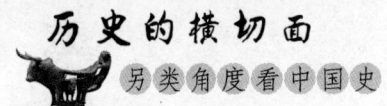

六十万畀我,是空国而托我也。我多请田宅园池,为子孙业,所以安秦王之心耳。"

历史上真不知道有多少名将都是稀里糊涂地死在君主的疑心上,这位大智大勇的老将军凯旋之后,再次邀功,把戏演到能得奥奖,这才得到秦王的绝对信任,还得了个善终。

贪财贪色者似无大志,多少聪明人给自己贴个这样的标签,才能从多忌的君王手下逃得一条小命。在这方面,大宋的开国功臣石守信也学到了王翦的保命秘籍,他为消除皇帝对自己的猜忌,竟然彻底"堕落"了:他一门心思敛财,人品也变得极"差",镇守西京洛阳时建崇德寺,竟不给民夫发工钱。如此自毁英名,他才保了命,也保住了儿子们的前程。

如此说来,"抱残守缺"与"和光同尘"一样,都在至简至朴当中蕴含着人生的妙理。所以回到本文开始,与古董长相厮守的那个解读仅仅说到了刘鹗"抱残守缺斋"的一点表象,而真正让人感慨惆怅的是,刘鹗自己似乎也没有深刻地理解这句话的真正内涵,要不,他也不会遭人猜忌攻讦,最终流放新疆,并客死他乡了。

❋ 参考书籍

《资治通鉴》《老残游记》《道德经》《聊斋》

别上武侠小说的当！三瓢凉水，就浇凉了江湖

我看了那么多年流行于世的武侠小说之后，感觉如下：你只要练成绝世身手，就可以骑上白马啸傲西风；你要是再以义气为重，那就随便你南海北漠，西域东瀛，你可以日行千里，夜行八百，穿州过府，想去哪儿就去哪儿；你一不高兴就得杀人，你甩出一把暗器，几十个人就都七窍流血，硬邦邦地死在那儿了，况且杀人也不用偿命，官府也不敢追拿你，然后你跟一帮江湖兄弟大口吃肉，大碗喝酒，过着神仙都羡慕嫉妒的大好日子。

当然，如果再有一个，甚至两个三个四五六个妙龄高颜值女子，各怀一身武功，每个都爱你爱得要死，你很苦恼因为你谁也不敢不可辜负，只能和她们一起找一处世外桃源了此一生……所有这一切，就是美得冒出鼻涕泡来的我的草根梦想了。

人生是不能没有想象的，也没什么不好。我们看武侠小说，就是把自己想象成主人公，过一把肥马轻裘快意恩仇的干瘾。合上书本，我们杀只鸡都感觉跟杀只恐龙一样难，你怎么就可能下得了手？就算别人杀，那也走远点，最好走出我的视线之外。

既然是这样，我就来浇几瓢凉水，让我们彻底死了这份武侠的心吧。

历史的横切面
另类角度看中国史

第一瓢，官府绝对不是吃素的，历朝历代的官府可以自己很腐败很窝囊，但是对付起小老百姓来，还是足够强大到你联想起"螳臂挡车"之类的成语来的。一个最现实的问题就是不管去哪里，你有通行证吗？

通行证？古代还要通行证？港澳通行证那样的吗？

当然！要不大家都随便乱跑乱窜，官府受得了吗？他找谁收税剥削去？

古时候不叫通行证，唐代叫过所，宋代叫公凭，都是官府出具的证明文件。到了明代朱元璋的手里，他立一个词叫路引，就是这个卡脖子的东西，能击碎我们所有武侠的梦想。

明法律规定："凡军民人等往来，但出百里即验文引，如无文引，必须擒拿送官。仍许诸人首告，得实者赏，纵容者同罪。"

看清楚了吗？就是说只要你走出百里之外，没有路引，你就寸步难行了。你想想，你到处行侠仗义，到处打架杀人，官府怎么可能给你大开绿灯，还给你批发路引？

你说，路引什么玩意儿！大路朝天，爷想往哪去就放开缰绳飞马而去，其奈我何！

呵！"地方则设巡检司，凡在外各府州县关津要害处普遍建立，从九品官带领差役、弓兵、警备意外。"

很明白，就是所有的交通要冲都有官府的盘查，你要没有杨过那样的一只大雕，恐怕不好过去。

你说了，腿在自己身上长着，我就一定得从你设置关卡的地方过去吗？

诶！还真是，"凡无文引私度关津者杖八十，若关不由门，津不由渡而越度者杖九十，若越度缘边关塞者杖一百，徒三年，因而（潜）出外境者绞。"

看着最后一个字生了些寒意吧？你放着官道不走都不行，你敢从边上摸过去，抓住了的话，水火棍得把你的屁股打开花，更有甚者，你没有路引跑到了外境，估计就连小命也保不住了。明清两朝近六百年都是这样规定执行的，我现在终于明白，伍子胥为了过关，为什么一夜就把头发愁白了。

第二瓢，你说既然管得那么严格，看来我只能在一百里之内小打小闹一下了。嘿！这估计也不行。

在明朝朱元璋的手里，下令要"人民互相知丁"，就是得互相监视。监视什么呢？"市村绝不许有逸夫"，就是你一个农夫也好，工人也罢，商贩也行，不许你吊儿郎当没事干。你还说打个小架偷鸡摸狗什么的，法令规定里甲邻里都有责任抓获你，如果他们不执行，要受连坐处分。

怎么连坐？假如你跟里甲有交情，他就是不抓你，任你胡作非为，但是有朝一日你犯了别的事，"或于公门中，或在市闾里，有犯非为，捕获到官，逸夫处死，里甲及四邻化外之迁。"

呵！够绝够残酷吧？你犯了事把自己玩死还不打紧，里甲和四邻得发配到最苦寒的化外地方去，你说，他们平时敢放纵你吗？

这样看起来，一没路引，二是到处都会被举报，一个武侠除了藏在绝情谷或者天山上或者终南山活死人墓之类的地方，还真是没有什么生存空间。

第三瓢，武侠的世界是极其骨感的，连江湖这个听着也让人心生风雨的词原来也不是属于武侠的，是后代人配发给他们的。"跑江湖"一词，最早是佛教禅宗的专用语，来源于江西的青原行思、马祖道一及其弟子和湖南南岳怀让、石头希迁及其弟子互相参学而得名。

当时学人参禅不是跑去江西便是跑去湖南,所以"跑江湖"一词的本义是僧人寻师访道,后来就转手低价卖给了那些四方流浪,靠卖艺、卖药、占卜的这些人等。

那再把"江湖"这层锦绣外袍也脱掉,武侠也只能是再从三维回到二维,继续在纸上书里去挥洒他们的青春和热血了。

三瓢冷水浇罢,我们都一起醒了吧。

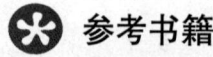 **参考书籍**

《大明律》

交杯酒不是交臂酒！一对新人原来可以婚得那么雅！

经常在婚礼上看到有交杯酒的镜头：一个说得口吐白沫眼冒金星的司仪操纵着两个机器人一样的新郎新娘，举起酒杯手臂相交，各自干了，就算是完成了交杯酒的任务了。

说实话，这样的仪式太简陋，也完全没有达到老祖先留下交杯酒让新人喝一杯的意思。不是古人太烦琐，也不是今人太简约，交杯酒这事儿，还真不能太将就。原本是婚礼上最隆重的一个大招，结果现代人玩得越来越随意，不是夫妻的一对男女在酒席上被起哄喝交杯酒的事儿也不少见，还真有男女两臂相勾大大方方就喝了，喝得豪气冲天，咋地！

不能不说，我们现在活得太直白，太没调性，太低格调！结婚是人生头等大事，一辈子就结一次（原谅我说的是大多数），把结婚现场弄得跟草台班子下乡唱戏似的，似乎有失庄重，老了以后都不好意思去回忆！好了，少饶舌，奔主题——

那古人是怎么喝交杯酒的呢？

据说这种雅俗自秦代就有了。那时候，新郎新娘各执半瓢，饮酒为礼，这里就已经有了很深的用意，这是要让两个新人合二为一呀！

那为什么要用瓢喝呢？

他们倒是想用高脚玻璃杯，也得有呀（到了唐代社会富裕了，也就把瓢换成酒杯了）。其实瓢说得也够俗气的，古人把交杯称为"合卺（jǐn）"，这个卺是一种瓠瓜，就是苦葫芦。味苦到不能吃，破开用它来盛上甜酒，让新郎新娘一起喝，这是要让两个新人同甘共苦呀！

但是喝交杯酒不仅是这一点意思吧？

到了宋代以后，结婚仪式的重中之重就是合卺，而这合卺就是新郎新娘共饮交杯酒——进入洞房，两人先坐下，（坐哪儿？榻上，不是榻榻米上）先各饮半杯，然后交换，再一齐饮干，这叫喝交杯酒了。交杯交杯，得交换酒杯，再把剩下的酒一干而尽，说得雅气一点，人家叫"新婚夫妇交互传杯共饮"。

这也没高雅到什么程度嘛，别急，古人的心思还大着呢。

"双杯彩丝连足"，就是酒杯杯足或盏底，要用彩丝连接起来。那用什么彩丝呢？要用红绿等色，还要绾为同心结之类的彩结。典雅的东西都在细节上，所以不仅仅是一仰脖子干了那么简单吧？

酒喝了，杯子呢？拿下吗？不是，古人还有更深的用意。起初还有一个小小的占卜仪式的，就是"掷杯于地，验其俯仰"，就是看两个杯子被掷到地上的状态，如果是"盏一仰一合，俗谓大吉"。为什么这是大吉，看官可以展开您最丰富的想象力了。可是，这大婚之日，如果扔出来的结果不理想岂不是有点扫兴？但中国人是一个多么擅长变通的民族呐，后来大家就干脆"以盏一仰一覆安于床下，取大吉利意"。机智如我大汉民族，什么也难不住。

江浙崇文之地，这种习俗还有所发展。在绍兴，交杯酒就很正式，由男方亲属中儿女双全、福气好的中年妇女主持，喝酒前，先要给坐在床上的新郎新娘喂几颗小汤圆（打个底？），然后，斟上两盏花雕酒，分别给新婚夫妇各饮一口，再把这两盏酒混合，又分为两盏，取"我中有你，你中有我"之意。看起来也是相当情意绵绵哦，光棍都恨不得马上结婚了吧？

还有美不胜收的宋词呢？

"歌喉佳宴设，鸳帐炉香对爇（ruò），合卺杯深，少年相睹欢情切。罗盘带金缕，好把同心结。终取山河，誓为夫妇欢悦。"——来自无名氏的《少年游》。

有人唱歌，又是鸳帐，又是金缕，又是同心结的，挠心挠肺的吧？

"倾合卺，醉淋漓，同心结了倍相宜。从今把做嫦娥看，好伴仙郎结桂枝。"——又来自无名氏的《鹧鸪天》。

瞧新郎这点出息，干了交杯酒竟然就喝大了，酒量比我还差，真是辜负了千金难买的良宵呀。

✱ 参考书籍

《麈（zhǔ）史》《东京梦华录》《梦粱录》

小说探微

为什么说《红楼梦》里贾府的汝窑瓷器都是山寨版？

看到这个题目，已经有一批"黑学家"跃跃欲试："咄！你是个什么东西，也敢对《红楼梦》说三道四！"但请且慢，笔者既然敢这么说，也还是拿得出点硬货的。如果您对《红楼梦》或者瓷器有点兴趣，不妨听我慢慢道来：

话说这汝窑作为宋五大名窑之首，其瓷器名贵有老话在那儿撂着："纵有家财万贯，不如汝瓷一片。"看官说，那又如何？"白玉为堂金作马"的贾家，还缺这两个小钱？倒不是说他们家钱少，而是"稀少限制了土豪的购买力"，黄金白玉有钱就能办来，但是汝窑瓷器就金贵到你根本买不到的地步！那它到底有多稀缺呢？

当年的汝窑瓷器烧制极难，"十窑九不成"，传以玛瑙入釉，始成绝品，釉色以诗为证曰"雨过天青云破处"，自然是极美的。但因为烧制时间短，成品有限，到南宋民间就已经近乎绝迹。南宋人周辉所著《清波杂志》中记载："汝窑宫中禁烧，内有玛瑙末为油，唯供御拣退方许出卖，近尤艰得。"所以，汝窑从南宋开始就"为内库所藏，视若珍宝，可以与商彝周鼎比贵"。意思就是大凡只要是件汝窑，那就是件能叩开皇宫的至宝，历代皇帝都不敢怠慢。

南宋名将被封为清河郡王的张俊给高宗皇帝送礼，礼单上郑重地写着他费尽心思淘到的汝窑瓷器几件，算是很拿得出手了。有一件刻有"寿成殿皇后阁"六字的汝窑天青釉盘，应该就是南宋皇宫寿成殿陈设过的。可以看得出来，既然费心费力地刻字就是相当重视，以我们小户人家的臆想，大概是怕别人借走了不还哈。

历代最有钱的人应该算是和大人和珅了吧？要论钱那是比贾家富裕得多，什么世面没见过？但和大人见了汝窑瓷器，也得巴巴地送给乾隆去讨个好。比如和珅从民间弄到一块汝窑盘子，即刻就呈献给了乾隆。

从乾隆皇帝一激动之下题写的打油诗来看，他还是非常欣喜和满意的。据史料记载，雍正留给他儿子的汝窑藏品才三十件左右。乾隆特别小家子气，但凡他看着顺溜点的——大概有二十二件汝窑瓷器的底部都题写了他的歪诗，还让人刻在瓷器上。这确实影响了汝窑瓷器的整体美观，本以素雅而冠绝今古的汝窑瓷器，被乾隆狗尾续貂了。要说天底下最会煞风景的人，应该就是这位自鸣得意的皇帝。

而天底下最大土豪是皇帝，连皇帝都这么稀罕的汝窑瓷器就那么大大咧咧地摆在宁国府，还当日常生活用品，难道你贾府觉得自己比乾隆爷还阔气？

顺便说说汝窑瓷器当下的情况：宋徽宗时代的汝窑遗品全世界仅存八十七件；2017年10月3日，一件汝窑天青釉圆洗，拍出了二点九四亿港元。

以上说的是理论层面的，看官说，就算是汝窑瓷器相当难得，以贾家的势力有个一件半件的，也不为过吧？

好的，我们接下来从技术层面来论证，贾府汝窑瓷器为什么都是山寨版。

汝窑瓷器在《红楼梦》里一共出现了三件：第一件出现于第三回，在王夫人的正室东边的耳房里，放在右边的梅花式洋漆小几上，是个汝窑美人觚，"插着时鲜花卉"；第二件出现于第二十七回，放在凤姐的"外头屋里桌子上"，是个汝窑盘子，陈设品，底下有个"架儿"；第三件出现于第四十回，放在探春房里，在大理石大案的旁边，是个"斗大的花囊"，"插着满满的一囊水晶球儿的白菊。"

这三件东西在贾府都是不被重视的。尽管凤姐的那个盘子被放在架子上当个陈列品，但竟然是放在"外头屋里"，其他两件，觚和花囊都是用来插花的日常用品。要是乾隆见了，还不得心疼得想抄了他们的家？

目前传世和出土的所有汝窑器型里，没有美人觚和花囊，而且汝窑的正品盘子也是把玩的，一般的十几厘米，最大的才二十一点四厘米，不是后来放到架子上的那种口径三十厘米左右的"赏盘"，所以说，"汝窑无大器"。探春房里的那尊"斗大的花囊"，要是宋代的，就是一个破天荒的巨制了，就凭它，贾家都塌不了，后人也够生活几辈子的。

笔者说这几件都是乾隆的仿品，是因为他真是个"汝迷"。据《清档·乾隆记事档》记载："（乾隆三年）六月二十五日，太监高玉交首领萨木哈、催总白世秀汝釉五寸碟、汝釉出戟花觚、汝釉花觚、汝釉九宫梅瓶、汝釉放大直口双管大汉尊、汝釉放大双管撇口大汉尊、汝窑天禄尊、汝釉鼓钉花囊、汝窑九宫瓶。传旨：交与烧造瓷器处唐英，照样烧造。"

注意，在这道圣旨里，"汝釉花觚"和"汝釉鼓钉花囊"都赫然在列，而且，有几款要"放大"。

那要说是明代仿品呢？可能性也不大，明代宣德年间仿汝窑的精品都已经堂而皇之地被收藏在清宫里了。

那是曹雪芹露了破绽吗？笔者认为，也不是。虽然宋代汝窑的没有，但清代御窑厂出来的东西，也绝不含糊，那也是唐英提着脑袋烧造出来的精品官窑，一般人家连见也见不着，贾家这么漫不经心地随便用用，也算是奢华至极了吧。

所以，《红楼梦》贾家的三件汝窑瓷器都是高级仿品。笔者敢说，就不惧大家的板砖，一是躲闪得好，二是挨多了越来越禁打。

参考书籍

《红楼梦》《清波杂志》《清档》

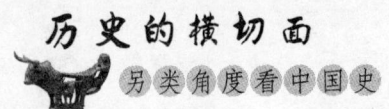

《红楼梦》：贾瑞的风月宝鉴，为什么不能只有骷髅的一面？

老话说，该死的不得活。贾瑞被王熙凤整得七荤八素，吃什么药也不管用，躺在那里等死。这时候来了一个跛足道人，说是专治冤业之症。这冤业之症就是因果铁律起了作用，让医生干瞪眼的那种病。贾瑞似乎看到了一线生机，在枕头上磕着头让道人给他看病，跛足道人就从褡裢里拿出一面镜子来，递与贾瑞，此镜"两面皆可照人，镜把上錾着'风月宝鉴'四字"。

道人再三叮嘱贾瑞，这个宝镜只能看反面，不能看正面。可是贾瑞看到反面是一个骷髅，以为道人故意唬他，禁不住要看一看正面，结果就看到他日思夜想的凤姐在里面招手叫他，"荡悠悠地觉得进了镜子，与凤姐云雨一番，凤姐仍送他出来。"后来，他几次三番进去，直至精尽人亡。

这《红楼梦》又叫《风月宝鉴》，自然与镜子有莫大的关系。镜子是佛家的法器之一，于佛教经典中常用来比喻佛法教理。镜子能映现万物，且没有差别，所以禅宗又用镜子来比喻佛性。

这段文字所表达的正是"色空"的道理。王熙凤是美女，美女无非是"色"，而骷髅是人世的末端形态，故为"空"，"色"与"空"一镜全收。

作者所写只许看反面，也含有深刻的寓意。人生就是一场"颠倒梦想"，让你看反面，就是把你从"颠倒"里拔救出来。而我们人人所认为的"正面"，想什么来什么，其实何尝不是人生的"反面"？沿着正面向前行，欲望蒸腾，目眩神迷，终点即是万劫不复的泥犁地狱。

佛家为了对治贪心而设立"白骨观"，曹雪芹先生设计的这个情节正是源于此。白骨观，就是用智慧力，专心观想死尸筋肉分离，而呈现之白骨相。白骨观是"九观想"中的"骨想"，而"九观想"就是指观察死尸从腐烂到变成白骨的九个过程。这种观想是佛教中"五停心观"之"不净观"。所谓"五停心观"，是能够停止迷惑障碍的五种修行观法。而所谓"不净"，是指此过程中所观想的事物，都是污秽不净的死尸。

原来道人是想让贾瑞来参修白骨观，当时说三天之后就要来取走，意思是观想三天就能借此来挽救他的一条小命。可惜正如白马寺后殿门上的对联所写："天雨虽宽，不润无根之草；佛法虽广，不度无缘之人。"贾瑞没有抓住最后的一根稻草，还是把自己"看"死了。

这道士既然能拿来太虚幻境空灵殿上的宝贝，他怎么能不知道以贾瑞的心性，他一定会去看正面？那么他到底是来救他呢？还是顺水推舟，把风流多情的贾瑞送进了地狱？我幼稚地推想，镜子为什么不能只有骷髅的一面？

这真是一个矛盾，一个两难的问题，给咱一个风月宝鉴，咱能忍住不看正面吗？

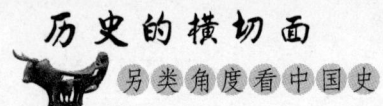

《红楼梦》：宝玉对黛玉表白，如此晦涩几人能懂？

从小就听说："看了《红楼梦》，得了相思病。"都说这是一本情爱小说，但是宝黛到底怎么谈情说爱的，不仅是小说里看不出来，连电视剧里也看不出来。宝玉和黛玉两个人好像是都有意思，黛玉动不动就生气乱哭，也跟现在的年轻小姑娘挺像，但是以那个时候自己的理解力实在是看不懂，这宝玉到底是怎么给黛玉表白的？两个人到底说了什么悄悄话？

咱们且来看一段两人之间的对话，出自第九十一回《纵淫心宝蟾工设计，布疑阵宝玉妄谈禅》：

宝玉呆了半晌，忽然大笑道："任凭弱水三千，我只取一瓢饮。"

黛玉道："瓢之漂水，奈何？"

宝玉道："非瓢漂水，水自流，瓢自漂耳。"

黛玉道："水止珠沉，奈何？"

宝玉道："禅心已作沾泥絮，莫向春风舞鹧鸪。"

黛玉道："禅门第一戒是不打诳语。"

宝玉道："有如三宝。"

黛玉低头不语。

这样的表白应该是世界上较晦涩难懂的了，不是当年的我听不懂，而是很少有人能听懂。曹雪芹老先生把禅门里高僧们投机的事搬到了一对谈情说爱的小儿女之间，难怪是云山雾罩。

宝玉大笑之后说只取一瓢的意思，就是表达自己只爱黛玉一人。黛玉又以"瓢之漂水"来试探宝玉到底专不专一，要是两个人不能相守又怎么办。宝玉以"水自流，瓢自漂"作答，表示决不随波逐流，自己心坚如铁。

黛玉进一步又问："水止珠沉，奈何？"意思就是遇上不可抗力的时候你怎么办？

这时候，宝玉说的两句诗化用了前人诗句：上句"禅心已作沾泥絮"出自宋代和尚道潜的《赠妓诗》，用来表明他道心坚定，原诗下句是"不逐东风上下狂"；而下句出自郑谷的《席上贻歌者》，原句是"座中亦有江南客，莫向春风舞鹧鸪"。

这个"鹧鸪"意思很明显，民间传说里，鹧鸪是爱情坚贞的姑娘所化，啼声悲苦。宝玉借用这两句，表达自己的情感是真实可靠、坚定不移的。

但是黛玉还是不放心，又打了一个补丁，说佛门不许打诳语，宝玉马上答："有如三宝（佛法僧）。"宝玉以庄重的佛法僧起誓，表示自己绝不是那么随口一说。

于是，黛玉终于放心，低头不语了。

好玄的谈情说爱！也就是曹雪芹先生有这样的生花妙笔，幸亏是在文学作品里，要是生活里真有这样的人，谈个恋爱还不得把人累死。

细想也有基础，两个人都出身于大家庭，还是那种礼法森严的大家庭，情窦初开，表达十分含蓄也在情理之中。

可两个相爱的人在这番表白之后，在本书中再也没有直白地说过什么亲密的话，似乎一直在打哑谜，宝玉说过"你死了，我作和尚"之类的"混账"话，也曾经心照不宣地对黛玉说过"你放心"之类的定情话，那时候还不明白，宝玉只说了个这，黛玉怎么就"如轰雷掣电"，要是宝玉最便捷高效地说一句"黛玉黛玉我爱你"，黛玉会是怎样的反应，会不会当即就晕过去？

小说探微

《红楼梦》里焦大说贾珍"爬灰",这典故从何说起?

《红楼梦》里焦大喝酒喝大了,发酒疯的时候说的"爬灰",就是大家通常所说的"扒灰",不是什么好词,是身为公公的贾珍与儿媳秦可卿有私情的隐晦说法。

关于这个"扒灰"的出处,有三种说法,个人认为,这三种附会的说法都不靠谱。

第一种说法是,以前有座庙香火旺盛,锡箔纸钱烧完以后会有锡剩下,有人就偷偷去扒灰淘出锡来卖钱。于是,这里的"偷锡"就被谐音用来隐指"偷媳"。这只是文人玩的一个文字游戏,绕两个弯,再用谐音,是要气死没有读过书的人吗?

第二种说法是,扒灰就是在灰上扒行,如此呢就会"污膝",然后再用谐音来暗指"污媳"。这个倒是直白了点,但事例太奇葩,应该也是文人的臆造而已。

第三种说法源自王安石与他的儿媳。古代的小编是这样编的:王安石的儿子王雱死得早,儿媳独居小院。王安石经常暗中去察看,结果被独守空房的儿媳火眼金睛发现了,还错会了他的意思,以为公公有意于自己。儿媳就在墙上题了一首诗,其中有"风流不落别人家"之句,暗示王安石该出手时就出手，王安石吓得赶紧"以指爪爬去壁粉"，就是用手把墙上的灰扒掉了。这在《吴下谚联》里有记载，有人考证扒灰就是从这儿起源的。

王安石得罪了很多文人，大家诋毁他也是不遗余力，我觉得第三种说法应该有可能是根源，但是发生在别人身上，被人移花接木到了王安石的名下，所谓李代桃僵。

❋ 参考书籍

《红楼梦》《吴下谚联》

红楼索隐派：宝钗影射的是玩阴谋上位的雍正皇帝？

研读《红楼梦》的内容，后世红学家分为两派：一派认为是曹雪芹的自传，称之为自传派，以胡适和俞平伯为代表，他们考证后是主张家史自传说的，其中周汝昌先生是此派的集大成者；另一派称之为索隐派，索隐，即探索幽隐，也就是发掘被小说的表面故事所掩盖的"本事"，代表人物是蔡元培的《石头记索隐》和邓狂言的《红楼梦释真》。

索隐派一度被胡适的《红楼梦考证》打得抬不起头来，后来渐趋式微，但是后学者不绝，于海外代有其人，不断有作品问世。研究者如一生著力于清史的小说家高阳及邱世亮等人，也有一些惊艳的观点，今天饶有兴趣地把他们的部分成果摘录出来，与大家共享。

邱世亮先生在《红楼梦解》中说："《红楼梦》影射康熙皇帝第四子雍亲王胤禛，以阴谋手段夺取帝位的秘史。宝钗影射雍正皇帝，凤姐影射隆科多，黛玉影射与雍正争位的皇子，应该指的是胤禛的同母弟、皇十四子胤禵。宝玉指的是康熙，而通灵玉即为传国玺。"

高阳认为"此说大致不谬"，但宝玉并不是暗指康熙，倒是贾老太君身上有康熙的影子，宝玉应该影射的是废太子胤礽。

邱世亮曾撰文道"李纨居于裁判地位，所以字'官裁'即官廷裁判"，以此来支持他的红学论点，其核心是"《红楼梦》映射雍正篡位，这是官

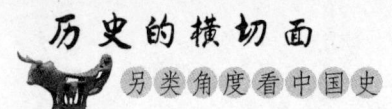

廷事件，必有'宫廷裁判'"。

其他的一些观点也洋洋大观：

如"元妃省亲"，其实暗指的是多尔衮，贾府的贾赦贾政贾琏三位连起来影射"摄政王"，似乎也不仅仅是巧合那么简单。而多尔衮也曾于顺治元年九月底，在中南海辽阔的水面上，举行过一次接驾庆贺晚会。索隐派认真研究了大观园的布局，认为也与当时的中南海相符。

如贾敬影射的是嘉靖皇帝，而林黛玉的父亲林如海影射崇祯皇帝。崇祯自缢于三月十九上午"巳时"，而九月初三巳时为上午十时，即暗指三月十九日。因为《石头记》作者不敢提三月十九这个真实的日子，当时中国已有两套记时系统，一套是"子丑寅卯午巳"老系统，一套是新的十二时西洋记时系统。九月初三十时的数字和为二十二，可重组为三月十九。

如宝玉两次发疯丢玉，则隐喻太子胤礽两次发疯被废。

高阳也一路抽丝剥茧，悟出元春乃是影射平郡王福彭，并认为至此他"豁然贯通"，看到了曹雪芹的真面目和《红楼梦》的另一个世界。虽然还有些模糊，"但轮廓是绝不会错的"。

曹雪芹身处"文字狱"迭兴的时代，为了保护自己，不能不使出各种障眼法，祭出一堆马甲以防范风险，但尽管他已经将故事改头换面到几乎不可认，务期"真事隐"，而让"假语存"，但当初正式定名为《石头记》的原稿仍旧不能得到身为玉牒馆总裁的平郡王的认同，所以始终不能付梓。

曹雪芹当初是不得已为了忽悠清政府，但是否在字里行间也捉弄了索隐派？

✻ 参考书籍

《红楼梦》《红楼梦解》

小说探微

都是正五品，徐家的云骑尉是个爵位，贾家的龙禁尉是个实职

《红楼梦》第十三回，秦可卿死了，想打发得风光些，贾珍就想给贾蓉捐个官儿。正巧大明宫的掌宫内监戴权来上祭，三言两语之间，一个履历送到户部"起一个五品龙禁尉的票"，戴权说"平准一千两银子送到我家就完了"，然后，监生贾蓉就堂而皇之地成了龙禁尉。

龙禁尉的全称是"防护内廷紫禁道御前侍卫龙禁尉"，是可以领俸银的五品美差。在《红楼梦》里，曹雪芹不能实写，找了这么一个"龙禁尉"的名称，按清朝的官职来说，正五品应该相当于云骑尉，年俸银八十五两、米八十斛。

都是正五品，"龙禁尉"是宫中侍卫，属官职，而"云骑尉"属武官世袭爵位，按说不能放在一起比，但让笔者感慨的还是这个正五品，级别算不低了，在京城相当于各部郎中，放了外任即是同知，仅次于一个州知府，要按武职来论，那就是一个威风八面的守备。

谈笑间，一个"龙禁尉"贾府手到擒来。近日在《清史稿》中看到一则传奇故事，才知道奋战前线的大清将士，想"擢"一个"云骑尉"有多难，他们需要出生入死，甚至马革裹尸。

211

历史的横切面
另类角度看中国史

《清史稿》卷二百五十七《徐治都传》有这样的一段记载，原文如下：

"吴三桂反，十三年，陷沅州，治都率师赴援。时四川文武吏附三桂，叛将杨来嘉、刘之复应之。治都妻许闻邻境兵民皆从逆，权以治都令约束将弁，抚慰士卒，并脱簪珥劳军。会上命治都还守夷陵，来嘉、之复以舟师来攻。治都督兵水陆防御，击却之。来嘉据南漳，分路出犯，治都与襄阳总兵刘成龙会师合击，所斩杀过半。叙功，加左都督。十五年，来嘉复以舟师来攻，治都循江堵截。总兵廨濒江，寇舟逼廨，妻许督兵与战，中炮死。"

首先给大家介绍一下这位徐治都，清初绿营名将，被封镇平将军，曾经在湖广一带治兵十八年，军纪严整，民感其德，死后为他立祠以纪念。一位终日在战场上厮杀搏命的武人能有这份德行，殊为难得。

更为难得的是，他有一位夫人乃是女中豪杰，巾帼英雄。《清史稿》中只记述了这位夫人的姓氏及她率队迎敌，血洒疆场的经过，其他史料均无可考。笔者仅从《清稗类钞·武略类》查到有限的资料，其中一文《许氏精韬略》，大意为：徐治都的夫人许氏，铁岭人，不仅善骑射还精通韬略。每次徐治都带兵出战，夫人自带一军与之呼应，互为犄角，无数次血战沙场，联袂破敌，也成就了一段相濡以沫的佳话。

康熙十三年，吴三桂兵犯湖南，来势汹汹，叛军迅速攻陷沅州，徐治都率兵驰援。夫人带兵守卫江口，叛将杨来嘉、刘之复率兵来犯。夫人看到周边的民众从贼的人很多，夷陵的军心也不稳定，于是她果断用徐治都的军令约束士卒，倾尽家中所有资产劳军，甚至摘下自己的簪子耳环来补充军饷。手下军丁感佩其诚，随夫人沿江激战，多次击退叛军。

此间双方反复攻夺，相持不下，徐治都数次大败杨来嘉，被朝廷升职

为左都督。

康熙十五年,杨来嘉又带水师来攻,徐治都率军沿江堵截。八月,叛军突袭夷陵,夫人率军从容应战。因为夷陵的镇署就在江边,叛军的船炮可以对镇署直接开火,夫人带死士冲锋陷阵,奋不顾身呼啸杀敌,就在双方的往来冲杀中,夫人突然被火炮击中,血染征袍,不幸身亡。

将军蔡毓荣等具疏上报朝廷,康熙特旨优恤,由朝廷授予诰命,属于特典之列——徐家世袭云骑尉,由徐治都和许氏夫人的次子徐永年荫袭,这份荣誉"自母氏得之,殊仅见"。

徐永年得到的这份优恤——云骑尉,是他的母亲用命换来的,这在有清一朝可能是独一份。按说这个爵位可世代承袭,但事实并非如此,荫袭也有次数。据《清实录乾隆朝实录》记载:"昨阅国史馆进呈徐治都传。伊在湖广提督任内,攻剿叛贼,颇著劳绩,得有云骑尉世职,因袭次已满查销。著加恩仍赏给伊家,世袭罔替。至徐治都之妻许氏,当吴逆犯顺时,率仆御贼,中炮身死,义烈可嘉,著交该部补行旌奖。"

经查,这次旌表是在乾隆四十一年发生的事。从文中可看出,至此年,徐家的世职云骑尉袭次已满就被查销了,但徐家的功绩还是让乾隆高度认可的,于是,"加恩"给徐家,这个云骑尉可以"世袭罔替"。说到许氏,乾隆赞其"义烈可嘉"。

夫人战死,徐治都仍在前线浴血奋战。平掉吴三桂之后,康熙二十七年,他又率军平夏逢龙之乱。康熙大慰,"赐孔雀翎,予世职拖沙喇哈番。"这个世爵"拖沙喇哈番"到了乾隆元年,改汉名,就是"云骑尉"。

这里还有一个非常有意思的插曲。徐治都率军去讨伐夏逢龙时,在《清史稿》中还提了这样一句:"师未还,桃源土寇万人杰为乱,治都妻孔督兵剿平之。"

一个能征善战的夫人在十二年前殒命疆场，这里似乎又出来一个穆桂英一样的夫人孔氏，而这个孔氏也相当不一般，将军的兵马还没回来，但杀鸡焉用宰牛刀，人家自己带着人去干净利索地就把那股土寇荡平了！

看来这位名将尝到了娶一个巾帼英雄的好处，在许氏之后，又娶了一个"露宿风餐誓不辞，饮将鲜血代胭脂"的女中豪杰！

再查这位孔氏夫人的资料，清嘉庆《常德府志》有载："斗姥观：府东二里。国朝顺治十年（1653）建，康熙二十二年镇平将军徐夫人孔氏修。"

孔氏的战绩也有记载："桃源流贼万人杰肆掠，夫人孔氏亲统兵剿平。事闻，授治都镇平将军，孔氏授一品夫人，食提督俸。"

看来这位一品诰命夫人孔氏也确有其人，只是资料太少，深以为憾。

《常德府志》中稍有舛误，平夏逢龙是康熙二十七年的事，徐治都是三十三年才被授为镇平将军，三十六年卒，赠太子少保，谥襄毅，赐祭葬。

❋ 参考书籍

《清史稿》《三藩史略》《常德府志》《清稗类钞》《清实录》《红楼梦》

一部《水浒传》，尽见恶妇、淫妇、毒妇，那好女人呢？

看完一部《水浒传》，合上书想想，施耐庵先生是写出不少大气磅礴的英雄人物，但是很奇怪，他的笔下，竟然找不到一个好女人，除了上山的那几位让人冒冷汗的女好汉，着墨较多的都是恶妇、淫妇、毒妇，有那么几个小小的配角不能说坏，比如林冲的妻子，比如鲁智深救的金翠莲之类，还都是受人欺辱的角色。这样一部伟大的作品为什么竟然找不出一个像样的好女人呢？

先说那三位女好汉：

第一位母夜叉孙二娘，开黑店专门杀人做馒头，她"肩横杀气，眼露凶光"，义气倒也义气，只是让人胆寒。除了菜园子张青，谁敢娶这样的一名恶妇当老婆，你是想让客人尝尝用你做的包子味道如何吗？

第二位顾大嫂是开了一个以赌博为营生的黑店，她"眉粗眼大，胖而肥腰"，"有时候怒起，提井栏便打老公头；忽地心焦，拿石礁敲翻庄客腿。生来不会拈针钱，正是山中母大虫。"几乎是一个泼妇加丑女的另类。

第三位扈三娘倒是貌美若花、武艺超群。可怜的她一门老小都死在李逵的斧下，还被宋江配给了一个要啥没啥只是好色的王矮虎。施先生是硬生生地要把一朵鲜花插在牛粪上。这事写得让人好生纳闷！

接下来就是几位著名的"淫妇"了，先说四位：

第一位还算不上潘金莲，应该是阎婆惜。此妇是又淫又毒，既给宋江戴绿帽子，跟张三郎打得火热，还能拿住宋江的死穴，要不就告官，把黑三郎逼得走投无路，"小胆翻作大胆"，拿一把压衣刀"去那婆惜颡子上只一勒"……宋江因为杀了这个女人，反倒成了英雄，阎婆惜就死得理所当然了。

第二位是潘金莲。她的事儿大家都清楚，她原是一件极为荒诞婚姻的牺牲品，后来一竿子打出个西门庆，还协助西门庆杀夫，终于混成了奸妇的形象代言人。她死在苦苦追求过的武松刀下，也算死得其所了。

第三位是贾氏，卢俊义的老婆。她与管家李固勾搭成奸，以卢俊义勾结梁山贼寇的罪名告官，要将他置于死地。后来梁山军马打下大名府，活捉奸夫淫妇，卢俊义"将二人剖腹剜心，凌迟处死"。对此，梁山众头领的态度是"尽皆作贺，称赞不已"。

第四位是杨雄的老婆潘巧云。她似乎没准备弄死老公，只是性格浮浪，与和尚裴如海偷情，被石秀发现，便嫁祸于石秀，使石秀丢了饭碗。结果潘巧云和丫鬟被石秀骗到后山，先来一番逼供，然后割舌开膛剖肚，尸体大解七块。施先生写这些章节几乎用了最极端的手段，这也不能不让人再次纳闷。

此外还有几个坏女人，比如白秀英、李瑞兰、李巧奴、玉兰之类。白秀英算不得"淫妇"，却也是个傍县太爷唱酸曲儿的粉头，得势不饶人，欺负雷横及其老娘，被雷都头一枷劈死。李瑞兰害了史进，李巧奴害了安道全，玉兰害了武松，都没有什么好结果。

对了，还有一位恩将仇报的坏女人，就是清风寨刘高的老婆。按说宋江曾救过她，但她却告发了宋江，宋江被抓获，饱受皮肉之苦。后花荣等人救出宋江时,活捉了她,那位好色的一丈青扈三娘的没出息老公还准备把她藏起慢慢受用,可见她还有几分姿色,想不到燕顺跳出来说:"这等淫妇,问他则甚!"拔出腰刀,一刀将刘高之妻砍为两段。

又是一个恶妇死于非命,又是最惨烈的腰斩之刑!写到这儿,有人会说,忘了一个真正的大恶妇。是的,王婆!

此妇才是水浒中最坏的女人!为了蝇头小利,她撺掇着潘金莲出轨,安排潘金莲与西门庆在她家相会,后来又撺掇潘金莲毒杀武大郎。当然了,在施先生的笔下她也不能被放过,她死得也很难看:"便把这婆子推上木驴,四道长钉,三条绑索,东平府尹判了一个'剐'字,拥出长街。两声破鼓响,一棒碎锣鸣,犯由前引,混棍后催,两把尖刀举,一朵纸花摇,带去东平府市心里,吃了一剐。"不仅骑了木驴,还得受剐刑,这是人类史上最残酷的刑罚之一了。

那么在施先生的笔下,就真连一个像样的好女人也找不出来吗?使劲找,倒也找出一个,李师师。

东京妓女头牌,皇帝的相好。好在什么地方呢?好在她帮助宋江受了招安,但这正是多少喜欢水浒的看客最窝心的梗,受什么招安,让一大帮好兄弟死的死,散的散!

没想明白施耐庵先生为什么对女人如此不公,难道你要构建一个男性世界,就一定要把红颜女子都写成祸水?

想从施耐庵的人生轨迹上找一点线索,可惜有关他的资料很少,我关心的是他有没有结婚,婚姻状况如何,能查到的是他十九岁中秀才,娶季氏为妻,后来辞官归里,以授徒、著书自遣。他是不是在婚姻上受过什么重大打击?这个真不敢妄加揣测。

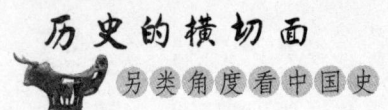

波谲云诡,剑气甲光,"三言二拍"呈现了一个怎样的武侠世界?

一说到武侠小说,金庸大侠的名字立即开启自闪模式

当年"凡有井水饮处,即能歌柳词",左手美酒右手美女的柳永先生大可笑傲江湖,但现在流行的说法是:"凡有华人处,皆能谈金庸。"要论起知名度,威名远播三江五湖,甚至蜚声四夷海外,金庸还是首屈一指。

遥想金庸先生驾鹤西游,在海上的无名仙山遇见柳永,双方一揖到地,随后坐而论道,信手指点江山,出口斐然成章,天风回荡,花落如雨,比之华山论剑,定是别有一番情趣。

因为对金庸多有偏爱,所以笔者认为,是他用十五篇精品力作把武侠小说推上了峰巅(疯癫?呵!),后世亦将鲜有出其右者。在武侠小说圈里,要是搞一个投票的话,金庸先生当选"武林盟主"的可能性极大,尽管有一部分古龙先生的拥趸略有微词。

其实,今天笔者要谈的主角也不是金庸,只是提到他,总免不了想过过嘴瘾。好了,本篇的主旨是想把武侠小说的根儿刨一刨,因为近期看到一些宋代笔记,里面时不时也会冒出一两位深藏不露的大侠,那武侠小说

究竟是不是由此起源呢？

咱们按着时间顺序往前推：

金庸、梁羽生和古龙几位被称为港台新派武侠小说的代表。既然有"新"，自然有"旧"，旧派武侠小说也曾经在江湖上一呼百应，风行天下，金庸、古龙和梁羽生的写作当年也深受其影响和启迪。

旧派中的代表人物当属还珠楼主。此公一生作品恐怕要比自己的身高高出不少，煌煌四千多万字何人敢于小觑，曾被誉为"现代武侠小说之王"。代表作为《蜀山剑侠传》，妙笔生花，花团锦簇，描摹出一个绚丽奇幻的仙侠世界。这部小说中的一些情节设定，后来几乎成为武侠小说的套路和规定动作。

也有人认为，近代武侠小说的开山鼻祖是平江不肖生。此公本名向恺然，湖南平江人，为20世纪20年代侠坛首座，卓立南方武侠潮头。他本人从小文武兼修，造诣深厚。1922年开始创作武侠小说《江湖奇侠传》，开风气之先，执武侠小说之牛耳。

与他分庭抗礼的是"南向北赵"的赵焕亭，有《奇侠精忠传》留世。此公早年宦游各地，搜罗侠客轶闻，又善从前人笔记中取材，虽不谙武术，但对各路武家都用心揣摩，还常到古寺实地踏勘，因此写来生动逼真。另，旧派中白羽、郑证因、朱贞木和王度庐诸子也各有千秋。

从《虬髯客传》到《三侠五义》，武侠小说怎样星火燎原？

如果一锥子扎到底，论及武侠文学的源头，越过宋代的话本和笔记，再越过魏晋六朝期间盛行的神异和志怪小说，可以追溯到汉初司马迁《史记》中的游侠、刺客列传。这些游侠与刺客虽然出身草根，但都是"三重"

历史的横切面
另类角度看中国史

人士，即重仁义、重信诺、重恩仇，而重义轻生者，免不了暴力违章抗法，为社会上各大"名门正派"所不容，正如韩非所言，"儒以文乱法，侠以武犯禁"。在先秦两汉，游侠毕竟游离于主流之外，故武侠篇章尚属星星之火，可以视之为武侠文学的萌芽。

注意这里用的是"武侠文学"，还不能正式称之为"小说"。唐代传奇中又涌现出了一批侠义之士，他们扶危济困、除暴安良、快意恩仇，甚至安邦定国。其中，裴铏所著《传奇》之《聂隐娘》和《昆仑奴》已具武侠小说雏形。

也有人把袁郊所著《甘泽谣》之《红线传》称为中国第一部武侠小说。《红线传》文辞优雅，灿如珠玉。金庸先生认为结尾极是飘逸有致，既豪迈又缠绵，明灭隐约，余韵不尽，是武侠小说的上乘片段。

笔者则盛赞其中一句——"忽闻晓角吟风，一叶坠露，惊而试问，即红线回矣。"嗟夫神来之笔，为之绝倒。

个人认为，《红线传》偏于玄幻，红线神乎其技，后世各路大侠也目瞪口呆，所以仍然不是真正意义上的武侠小说；而公推的杜光庭《虬髯客传》，此为唐人传奇中的名篇，虬髯客武功出神入化，人格卓荦不群，行事高蹈不羁，是否可以称之为武侠小说的开山之作？

司马迁《史记》中说：救人危难，周济贫困，不失信，不背言，合于仁义，即谓之"侠"；而虬髯客绝不同于一般西风白马快意恩仇的剑客，他是境界高远的"侠之大者"，武林盟主在他眼里也许不值一哂，他要图谋的是江山社稷，所以《虬髯客传》也还不是普通意义上的武侠小说。

忽发奇想，要是把唐传奇中的人物组合在一起，倒是一套不错的武侠班底，可惜这些散落的珍珠没有串成链。

要谈真正意义上的武侠小说，不能再往前推了，只能再往后看，回到清代的《三侠五义》。一直以来，大家都认为这部从《包公案》生发出来的小说，算是中国武侠小说的开山鼻祖。这部书成于清代中后期，作者石玉昆是被后人誉为"单弦之祖"的评话艺术家。

《三侠五义》里"启用"的一些武功术语，像什么点穴、暗器、剑诀、刀法、轻功提纵术，还有一些江湖勾当，比如闷香、百宝囊、千里火、夜行衣靠、用毒、皮脸面具等，甚至机关埋伏，比如陷空岛和冲霄楼等种种武林名目，恰似开了一个武侠百货铺，这些都对以后武侠小说里的各路豪强的流派与身手产生了重大影响。《三侠五义》之后，武侠作品风起云涌，高潮迭起。

但笔者认为，《三侠五义》已经是集大成的标准武侠小说，或者说已经是武侠小说的第一座高峰，再说它是开山鼻祖还是不合适的。那么在《三侠五义》之前，还有没有成型的武侠小说呢？

应该说，一定有。

"三言二拍"已经呈现出一个波谲云诡的武侠世界

明末有两位小说大家联袂出世，"三言"和"二拍"的作者冯梦龙和凌濛初生死都是前后脚，这两位小说家要比石玉昆早个一百多年。冯梦龙的"三言"出道即扬名立万，一时书商趋之若鹜。凌濛初也是看到冯梦龙的书"行世颇捷"，见猎心喜，遂写"二拍"。

"三言二拍"畅行于世，在这五部小说合集当中，写到"侠"的达到十三四篇，应该说是一个不小的比重。

路见不平，拔刀相助。要说侠客，这是大家公认的看家招牌，要不，

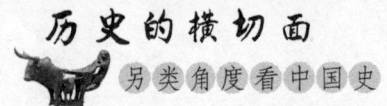
历史的横切面
另类角度看中国史

还有脸叫什么侠客？

此人好结交天下豪杰，任侠任气，是个"管闲事的祖宗，撞没头祸的太岁"，看到美女京娘遇困，便学那关云长独行千里护送皇嫂与刘皇叔相会的故事，一个承诺便慨然承当护送的使命。后来，京娘愿以身相许，赵公也提出将京娘嫁给他，但均被他义正词严拒绝，不能不说他的侠义气概达到了十二分的爆表值。要说此人也不是生人，大宋朝开国皇帝赵匡胤便是。此出自《警世通言》卷二十一《赵太祖千里送京娘》。

还有一位名叫尹宗的好汉也有赵匡胤一样的英雄事迹，因为偶遇被人掠去的万秀娘，便决意将其护送回家。尹宗有八十岁的老娘，百般孝顺，老娘一句话，他便是火海刀山也敢闯去。老娘让他不许贪恋秀娘姿色而起歹念，尹宗竟然在秀娘诱惑之下能够坐怀不乱。后来，因为寡不敌众，尹宗为一句诺言甚至断送了性命。这位本来干些黑道营生的江湖好汉竟然化身成不顾自身安危的侠义之士，也令人肃然起敬。此出自《警世通言》卷三十七《万秀娘仇报山亭儿》。

来去无踪，妙手空空。侠盗，当然也是后世武侠小说里不可或缺的角色。

在《喻世名言》卷三十六《宋四公大闹禁魂张》中描写了一众出色的"贼人"，或者也可以称之为"侠盗"。因为这些人只跟有钱人和官府作对。刚开始推出来一个宋四公，手段好生了得，以为是个贼王，想不到他还斗不过他的徒弟——青出于蓝的赵正，这厮算是猴精到了精致，把个卖人肉包子的侯兴贤伉俪捉弄得云山雾罩，后来又移花接木，把官府的人撩拨得死去活来。

有趣的是，《二刻拍案惊奇》也有一篇写侠盗，同样出彩，叫作《神偷寄兴一枝梅，侠盗惯行三昧戏》。懒龙"不是俗偷儿"，偷钱、偷鹦鹉、偷锡酒壶、偷道士帽子、偷米为人出气，番番手段不同，总匪夷所思。偶遇困境，意外被人锁进柜子，或学老鼠或学猫，一番折腾竟能化险为夷，安然脱身。更妙的是，此人还懂得适时收手，藏身古寺，卖卜度日，竟得个善终。有分教：懒龙事迹从头看，岂必穿窬是小人？

旷世高手，游于化境。武侠小说里最吸引人的，往往是那些神龙见首不见尾的绝世高人，像风清扬、扫地僧，总让人回味无穷。

一身好本事的六扇门高手刘东山，张弓追逃矢无虚发，号称"连珠箭"，在顺城门自夸二十年间不曾遇个对手。后来道上偶遇一位鲜衣怒马的美少年，少年拿起刘东山的弓，"连放连拽，就如一条软绢带"，而刘东山拿起少年的弓，憋得面红耳赤，"终不能如初八夜月"！少年在谈笑间抢走刘东山的百多两银子，绝尘而去。

刘东山就此隐姓埋名，开了一家小酒馆。三年之后，少年同九位豪客一起出现，个个仪表不俗，食量惊人。少年为当年的事道歉，还他千两白银。小说还浓墨重彩地描写了一位"十八兄"，年龄最小，食量却相当于店中五个人，衣饰华丽，其他豪客也都对他无比恭敬。这位十八兄的功夫究竟达到了何种境界？"十八兄"到底该是位李兄还是木兄呢？这个嘛，看官可以小猜一下。这一篇出自《初刻拍案惊奇》卷之三，叫作《刘东山夸技顺城门，十八兄奇踪村酒肆》。

有武功深不可测的美少年，更有高蹈世外的女侠，此出自《初刻拍案惊奇》卷四《程元玉店肆代偿钱，十一娘云冈纵谭侠》。小说中有一位身怀绝技且勇义刚烈的女侠韦十一娘，客店偶见商人程元玉仗义疏财，心生敬意。后来，程元玉的仆人马匹财物被劫，十一娘援手相救，不仅令盗贼如数归还财物，还赠送灵药。十一娘的高行不尽在此，针孔可度，倏忽千里，

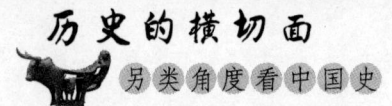

其所作所为大都非为私仇，干的都是剪除贪官、替天行道的事。十年后，程元玉巧遇十一娘弟子青霞，不日间蜀中某官暴卒，事了拂衣去，深藏功与名，青霞所为也。

"三言二拍"中，另有《李汧公穷邸遇侠客》《郑节使立功神臂弓》《乌将军一饭必酬，陈大郎三人重会》等篇章，豪士、刺客、游侠、僧道、捕快各擅胜场，叹为观止。

各路人马已然粉墨登场，甲光金鳞，神摇目夺，如此一来，说"三言二拍"是武侠小说的开山鼻祖，不知各位看官尊意何如？

小说探微

吴承恩写出《西游记》前，孙悟空和红孩儿的故事已经出炉？

造化弄人，老天给了一支笔，就是让你写小说的？

有的人天生带着某种另外的使命，不管在所谓的正道上怎么折腾也拗不过死不认账的命运，就好比《聊斋志异》的作者蒲松龄，又好比《西游记》的作者吴承恩。这二位对于功名的执着也算是臻于至诚了，硬生生考了几十年，以至于两鬓都斑白了，仍然连个举人都拿不到手上！当和孙子辈的才俊们再去同场考试的时候，估计他们也觉得自己像个笑话。

人生懵懂，没有几个人从开始就知道自己是干什么来的。胡碰乱撞到五十多岁，一直自认为高才博学的吴承恩才有点认命了，考了十回，整整三十年，感动不了老天！后来硬着头皮去当了一个小官，即品级跟孙大圣的弼马温差不多的浙江长兴县丞，但是造化弄人，当这么个小官居然还遭了"天谴"，因案入狱，后来虽然被证明无罪，但这场无妄之灾还是让他把比芝麻还小的官也丢了。

让吴承恩特别郁闷的还有一件事。他曾经有过一个儿子叫凤毛，估计是这个名字起得太金贵了，所以没留住，孩子不幸夭折，当然对他打击也

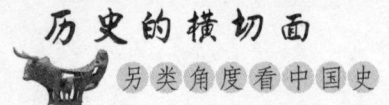

不小。

有人很诗意地说,上帝给你关了一扇门,一定会给你打开一扇窗。但吴承恩恐怕很不忿,明明手握一支生花妙笔,怎么就换不来一顶乌纱帽?那些经常跟他诗词唱和的人,比如李春芳、徐中行和归有光之类的人,哪里就明显比他强?

这事他到五十多岁的时候就基本想通了,于是转而想写书,把自己的愤懑之情都抒发在里面。《西游记》开了头,但当时没写完就搁下了。后来近七十岁时才开始正式写作,一生的才华和经历都派上了用场。也许后来他才知道,老天爷偏就不让你当官,因为当官也仍然不过是一介凡夫、一世草木而已,而把你逼成一个小说家,却能让你的书风靡寰宇,你的名传遍天下。

到老的时候,此生的得与失,不知道绝意仕进的吴承恩是否彻底想通了?

天命攸归,似乎连吴承恩的老爹也是为小说安排的

前文中写到"另外的使命",其实吴承恩自己也不知道从小他就已经在为完成这个使命而开始储备。年少聪慧,文章传名,乡里敬仰,"髫龄,即以文鸣于淮。"据《淮安县志》记载,吴承恩"性敏而多慧,博极群书,做诗文下笔立成"。

虽然文采风流,但是跟别的才子不同的是,他从小就爱读稗官野史、志怪小说。他自己也说"尝爱唐人如牛奇章、段柯古辈所著传记,善模(摹)写物情,每欲作一书对之"。对于神仙鬼怪、狐妖猴精之类的书籍,如《百怪录》《酉阳杂俎》之类他尤为偏爱,当时就曾有写一部书的冲动。

最近在中华书局 1992 年出版的《古今小说十讲》里看到一些资料，对吴承恩影响很大的人是他的父亲。他所撰写的《先府宾墓志铭》里记载：他的曾祖父吴铭和祖父吴贞先后在浙江做过学官，他家的斯文基因还是很发达的。只是到了他父亲吴锐这一辈，四岁丧父，家道中落，连书也读不起了，长大后只能入赘到徐家，改行成了一个小商人。不能不说，吴承恩的父亲当商人很失败，原因是他太"木讷迟钝"。其实按笔者的猜测，他一定是对经商极没兴趣，对他很钟爱的历史，他可一点也不笨，"与人谭说史传，上下数千载，能竟日不休"。

中年得子，吴锐对儿子很宠爱，儿子当然从小就不得不当他最忠实的听众。这里耳濡目染了多少，对吴承恩产生了多大的影响，自然难以尽述。何况待儿子稍长成，吴锐又常带着他，游遍淮地古刹名胜，这些也都为吴承恩后来写作《西游记》积累了素材。

在写《西游记》之前，吴承恩曾经写过一部《禹鼎志》，这也是根据民间传说而演述的一部志怪小说，可惜内容失传了，但是书序倒是还在，吴承恩在其中写道：

"余幼年即好奇闻，在童子社学时，每偷市野言稗史，惧为父师呵夺，私求隐处读之，比长，好益甚，闻益奇。"

人生没有白走的路，每一步都算数。也有人说，功到自然成。吴承恩后来对于这些神怪之类故事的储备确实超乎常人，"旁收曲致"，"几贮满胸中"。呵！可能这些东西太多了，占了地方，八股文章必然气势弱一些，考不出个官儿来，也怨不着别人。事情都是两说，吴承恩觉得自己很不幸，但是对于后世的人却是大幸，要没有他的《西游记》，多少代小伙伴的假期都失去了意义！

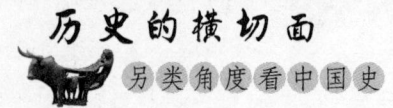

鬼斧神工，他怎么把散乱的故事写成一部传奇大剧？

玄奘是真人，取经是真事，这在《旧唐书·方伎传》中有三四百字的简单记载。

玄奘的弟子慧立后来要给师父作传，是所谓《大唐慈恩寺三藏法师传》。这里就已经对取经的事迹有了生动的描述，而且"假作真时真亦假"，慧立加了一些现在看起来有些"灵异"的情节。

再后来这个取经的故事终于变成了神话，是在《大唐三藏取经诗话》里，作者放开了思想，尽展虚构之功。书里已经有了花果山紫云洞八万四千铜头铁额的猴精，最让人惊掉下巴的是帮助唐僧去西天取经的猴行者，竟然是以白衣秀才的面目出现的！书里还出现了沙和尚的前身深沙神，偷王母娘娘的蟠桃以及西天路上遇到各种妖怪的情节也都有了轮廓。

金代有院本《唐三藏》，宋元时期还有南戏《陈光蕊江流和尚》，可惜都只留下一个题目，演的什么只有穿越回去看看才能知道了。

吴承恩在着手创作《西游记》之前，可能会看到的还有六本二十四折的《西游记杂剧》等多种戏剧，还有唱本《销释真空宝卷》及散文叙事体的《西游记平话》，不仅连名字都有了，而且一些情节如梦斩泾河龙的故事，基本上移植过来就是。

到《西游记平话》出现时，重要的故事情节如孙悟空大闹天宫、偷蟠桃、盗金丹、被二郎神擒拿、归附唐僧为徒、魏徵斩龙、唐太宗入冥、玄奘出世都已经有了梗概。而西天取经途中要遇到的妖精队伍也基本组成，黑熊精、黄风怪、蜘蛛精、多目怪、狮妖和红孩儿都已出世，火焰山和女儿国的故事也有了眉目。

老年回乡，才知道自己真正该干点什么，于是他闭门著书，把从小就藏在心里的，长大后搜集的所有故事，还有对科举不中、官场黑暗、怀才不遇的讽刺都融在《西游记》中。他坦言：

"虽然吾书名为志怪，盖不专明鬼，实记人间变异，亦微有鉴戒寓焉。"

吴承恩心里毕竟还是藏着不平之气，晚年填了一词名《风入松·送我入门来》：

> 玄鬓垂云，忽然而雪，不知何处潜来？
> 吟啸临风，未许壮心灰。
> 严霜积雪俱经过，探取梅花开未开？
> 安排事、付与天公管领，我能安排！
> 狗有三升糠分，马有三分龙性，况丈夫哉！
> 富贵无心，只恐转相催。
> 虽贫杜甫还诗伯，纵老廉颇是将才。
> 漫说些痴话，赚他儿女辈乱惊猜！

笔者认为，小说写得明白，但从这首词来"乱猜"，耄耋之年的吴老，人生还是活得不甚明白。

✱ 参考书籍

《旧唐书》《西游记》《淮安县志》《古典小说十讲》

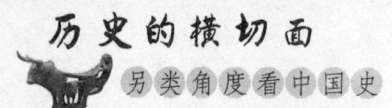

从金庸先生的《天龙八部》到佛学里的"天龙八部"

说到"天龙八部",问十个中国人,大概有七八个会立马想起金庸老先生的武侠小说。是这样,我们很多人的青年时期都是在金庸作品的陪伴下过来的,而且我们每个人的心里都因此而有一个英雄梦或者有一场"中二"病。我们都得感谢这位老爷子写出那么多精彩的作品,那么多的豪侠,那么多让人眼花缭乱的美女。老先生一辈子都应该偷笑的事,是把通俗小说写到了盗版满天飞的份儿上,签约出版社都气得肝儿颤。叶梦得赞柳永说"凡有井水饮处,即能歌柳词",金庸先生的小说应该比柳词普及程度更高,换了我,想不偷笑,那都得使劲憋住。

小说确实名满天下,要是再往根上挖一挖,"天龙八部"到底是何方神圣?估计知道底细的人就不多,能说出个七七八八的人,都得真心点个赞。

先不贫嘴,认真搜集资料,一脸正经地把"天龙八部"的真正含义介绍一下:

"天龙八部"是佛经中常见的"护法神"。诸天和龙神为八部众的上首。其他六部众为:夜叉、乾闼婆、阿修罗、迦楼罗、紧那罗、摩睺罗伽。许多大乘佛经叙述佛在向诸菩萨、比丘等说法时,常有天龙八部参与听法。如《法华经·提婆达多品》:"天龙八部、人与非人,皆遥见彼龙女成佛。"

天龙八部都是"非人"。"非人"是形貌似人，而实际不是人的众生。

金庸先生从小就受到佛学的熏陶，经常听祖母诵念《般若波罗蜜多心经》《金刚经》和《妙法莲华经》。先生一生情事坎壈，人所周知。1976年10月，长子查传侠突然在美国纽约哥伦比亚大学自杀，年仅十九岁，这于金庸先生是晴天霹雳，伤心得他曾也想跟着自杀。

"要到整整六十年之后，才通过痛苦的探索和追寻，进入了佛法的境界。在中国佛教的各宗派中，我心灵上最接近般若宗。"在金庸先生与日本著名宗教学者池田大作的对话中，他讲述了自己皈依佛教的心路。

在金庸先生的小说里有很多栩栩如生的僧人形象，此即为深层原因。《天龙八部》中的三位主角和佛教都有着密切的关系：大理段氏累世信佛，萧峰的师傅是少林高僧，虚竹则是僧人出身。

看到一篇很有意思的文章，把小说《天龙八部》里的人物和"天龙八部"里的诸位护法一一对应，说萧峰是天部，段誉是龙部，最莫名其妙的是王语嫣是阿修罗部，虚竹竟然是夜叉部，真难得有如此天马行空的想象力。

《天龙八部》于1963年至1966年连载于《明报》，金庸先生在儿子不幸自杀之后才开始潜心向佛，最终在佛教中得到解脱与欢喜，这应该是20世纪70年代末的事儿。所以，我猜金庸先生当初创作《天龙八部》的时候，并没有想那么多，只是借用了这样一个极具法力的名字。至于要把小说里的人物和"天龙八部"里的护法对应起来，金庸也没有那么顽皮。

当然，这事谁都有话语权，可以嘤嘤求友，也可以切磋争鸣，就像刘心武先生经过一番考证，说秦可卿是废太子的女儿，那也只能由他。

金庸先生的事只是打了一个闲镲，听个响儿，且放在一边。

单说这"天龙八部"的事儿，极富波谲云诡的想象色彩。中国保留下来的神话不算丰富，不管是该向象形文字追责（有人说是象形文字禁锢了国人的想象力），还是向焚书者或者兴文字狱者问责，都不着调，当下，我们好好参照一下有关这些"护法神"的事儿，没准也能再整出个好点的动画片来，否则，要是熊不出没，孩子们都怀疑：这还是不是放假了？

"天龙八部"的天即指天神，又称提婆族。著名的有大梵天、帝释天、大自在天、吉祥天等共三十三重天。在佛教中，天神地位并非至高无上，只不过比人能受到更大更长久的福报而已。佛教认为一切事物无常，天神也是要死的。

尽管最终会死，但天神都是极"高大上"的，当然并不像我们某些老电影里的英雄那样"高大全"。天神是真实并接地气的，他们还是有小毛病的，比如说阿修罗与帝释天就是冤家对头，总是缠斗不休。

这么看，好像"天龙八部"并不算紧密团结。那阿修罗又是哪来的底气，胆敢跟老天叫板呢？

佛教经籍称阿修罗为"非天"或"劣天"，好斗，总想挑起战争。他们男极丑、女极美，与鬼蜮有相似之处，却不是鬼蜮；与人一样有七情六欲，却不是人。他们非神、非鬼、非人。

还有一种更玄幻的说法，在阿修罗道中，有一棵如意果树，树身在阿修罗道世界，树顶却延伸至天界之中。三十三天的有情，可以尽情享用这棵树的果实，但阿修罗众生却只能眼巴巴看着流口水。阿修罗本来就是妒心及瞋心极强的有情，他们常常以斧头砍断如意树，令大家都没好处。同时，天道中的有情，还常对阿修罗世界中的女色垂涎，时不时来抢夺骚扰。

请问，是可忍，孰不可忍？阿修罗便常常向天界宣战，每战辄天昏地暗，日月无光，所以后来的人也称战场为"修罗场"。可惜的是，打又经常打不过，这是一种无望的心灵折磨和创伤，听一听也让人感觉沮丧。

看来天道也不尽是太平景象，还有痛苦无数，尤其是死，更让诸天十分的不爽。比如本来自然散发香气之身会发出阵阵体臭，这让一向有洁癖的他们情何以堪？

按佛经上的意思说，只要不出六道轮回，那就都得在苦水里泡着。

接下来说龙部。佛经里的龙和中国传统中龙的形象有不小的差别。龙是中国的图腾，兴云降雨，仿佛天潢贵胄。印度人称"龙"为Naga（那伽），形态似是摩竭鱼（鲸鱼）与中国龙的混合物。当然，佛经上也称"龙力不可思议"。

在佛经里，龙拥有大量的珠宝，是海里的土豪。在印度传说里的龙包括有神格的蟒蛇、毒蛇等。古印度人很尊敬龙，认为下雨是龙从海中取水而洒下人间的。

在中国的小说里，龙王遇到孙悟空就得作揖如倒蒜，定海神针被抢走变成了如意金箍棒，也只好忍气吞声。但他专跟哪吒作对，似乎不怎么讲理，曾经因为对付哪吒而想过要淹死陈塘关的所有百姓，这可就是大大的不对了。

说到哪吒和龙王，顺便得说一下夜叉。从《封神演义》来看，哪吒跟龙王的梁子是因为他杀了巡海夜叉结下的。

夜叉是梵文的音译，意译为"能啖鬼""勇健"等。在佛教中，他是护法众神之一，北方毗沙门天王即率领夜叉八大将，护众生界。夜叉虽然性格凶悍，相貌令人生畏，但据说对人类持友善态度，倒是鬼的对头。看来我们对夜叉有误解，夜叉打哪吒那是因公殉职，因为在他眼里，哪吒确实有妖精的嫌疑。

误解产生的另一个原因是我们往往把夜叉和罗刹分不开，他们同时从生主补罗私底耶或大梵天的脚掌中生出，通常相互敌对。罗刹在佛教中是恶鬼，是食人肉之恶鬼。让人十分放心不下的是，罗刹也是男即极丑，女即甚姝美。碰上这样的事儿，我们凡夫俗子，有几个能不目眩神迷，痴痴地给人家送上门去当干粮的？好在有夜叉，要不人间的登徒子都被吃光了。

在小说里，龙似乎并不威风，挨打又被抢东西，最不幸的还被哪吒扒皮抽筋。其实这些意外龙并不在意，他们真正的悲哀是怕遇到一个大大的对头，那就是——迦楼罗。

泰国国徽上，就有迦楼罗的形象。迦楼罗是金翅鸟神，双翅展开有三百多万公里，在印度教中是三大主神之一的毗湿奴的坐骑，而在佛教中则位列于天龙八部之一，专食龙族。据说迦楼罗饭量极大，每天要吃掉一条大龙王和五百条小龙。在古印度神话中，其形象为半人半鸟，生有鹰首、利爪和喙，身躯和四肢则与人无异。

《封神演义》中的雷震子肋生双翅，飞来飞去，是不是受此启发？这个不能确定，而可以推测的是，受此影响，中国神话中也诞生了一种金翅大鹏鸟——传说岳飞就是金翅大鹏鸟转世的。

乾闼婆是搞艺术的，是天界中支配香料与音乐的艺术民族，是佛教中欢乐吉祥的象征。乾闼婆大多被描述为少女形象，体态丰满，丝带飘扬，婉转凌空，极为优美。在印度神话中，乾闼婆不吃酒肉，只寻香气作为滋养。敦煌壁画中浑身上下透着艺术范儿的飞天，当属于乾闼婆。

紧那罗也是艺术工作者，是天龙八部中的歌神。紧那罗不仅拥有美妙的歌喉，还善于舞蹈，是帝释天的执法乐神。在佛教画作中，紧那罗通常膝上安放横鼓或两个竖鼓，做击鼓演奏法乐之势。据《罗摩衍那》所述，其为人躯马首，或马躯人首，又说为人首鸟躯。凡是诸天举行法会，都是

由他们和乾闼婆担任奏乐的工作。

最后说摩睺罗伽,大蟒神,人身蛇头,力大无比。密教现图胎藏界曼荼罗中,北边安有三尊摩睺罗伽。其中央一尊,两手屈臂,握拳舒食指,置于胸前,竖左膝而坐;左方之尊头戴蛇冠,面向右方;右方之尊则面向左方,作吹笛状。妙的是,他竟然也善于演奏乐器!

"此曲只应天上有,人间能得几回闻!"谁说的?是众人里的杜甫吗?他何尝听过天乐,只是对未知世界的一种朴实的想象罢了。

有正有邪,有倚有克,有分有合。非人世界,变幻莫测,此为真正的"天龙八部"。

"天龙八部"介绍完了,比较吃力,如有纰漏,恕罪则个。

✱ 参考书籍

《天龙八部》《封神演义》《法华经》《罗摩衍那》

风俗夜谭

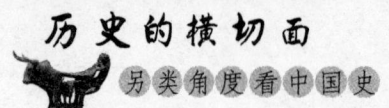

高处跌落，起死回生，古籍里不可思议的祝由科

祝由之术，因为治病的方法太过神秘，民众不能理解，概视为巫术。客观地说，祝由十三科，又称祝由科，是古代医术的一种流派，不需用针灸或药物即可治病。祝由科在元代被列入太医院十三科，可见在那个时期还是可以广为接受的。

"祝由"二字，最早见于医书《素问》，解为，上古之人治病，不需打针服药，只要移易精神、变换气质，请人施展祝由之术，即可搞定。有现代医学观点认为，祝由术是属于心理学之心理暗示、催眠部分。但是否如此？不知为不知，自然奥秘无穷尽，存疑可也。

近代以来，相信祝由术者大有人在，比如大学者钱穆就曾经描述过他少年时亲眼看见的一件事：他的家乡有人腿肿，求医师治病，医师通祝由之术，在墙壁上画了几道，然后持刀划壁，即有鲜血从壁上流出，及血流尽，患者腿上的肿痛也就同时消除。钱穆不禁感叹："其理为人所不知，却不得谓之是邪术。"我们只是还不知道其中的道理罢了，不懂很正常，但是妄加评论为邪术那就是无知了。

清代笔记《里乘》的作者许奉恩曾经路过河南，在开封听人讲到过有关神奇祝由术的故事，他记录如下：

开封府衙前曾经竖着数丈高的旗杆斗，有一年最顶端的杆斗坏了，有工匠以绳系腰爬上去修理。正在此时，一阵大风吹过，旗杆被吹断，工匠像一片树叶一样堕落，眼看着气息渐无，垂垂待毙。

也许是工匠命不该绝，正好有一位精通祝由术的"辰州客"路过此地，他看看情况，笑着说："无妨。"

他立即命人取来四块木板，在其中一块板上撒上黄土，然后把垂死的工匠抬到黄土上，在他的左右各夹上一块木板，再用黄土遍撒其身，"以手捏剑诀，勅勒书符，口中喃喃诵咒。"

诵完咒之后，他吸了一口清水，喷在工匠的脸上，再把最后一块木板也盖上，用麻绳系住。

七天之后，他解开了麻绳，打开木板去看，工匠的身上竟然冒出蒸气来，通体大汗淋漓，然后工匠打个哈欠竟然坐了起来，"已霍然苏矣。"

所有亲见者无不目瞪口呆，家人更是喜极而泣，纷纷上前问他这七天有什么感觉，他说就像是睡了一场大觉，根本就是"懵然不知"。

此事并非市井间的闲话臆说，曾经在开封府前刻碑记载，可惜不知何时毁去。

传黄帝有两位大臣，皆精通医术，一名岐伯氏，一名祝由氏。祝由氏为湖南辰州人，后来辰州人得其真传，有不少人擅长此术，所以会祝由术的人也被称为"辰州客"。他们为人治病不受钱币，当然，酒食的酬谢还是可以的。

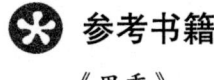 **参考书籍**

《里乘》

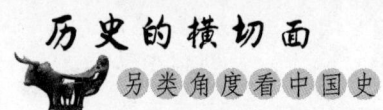

有人说古代文人黑夜身上有光,那现代文人还有吗?

先声明一下,这是一段寓言也好,一段志怪小说也好,甚至一段笑话也好,只是一种说法而已。

故事来自《阅微草堂笔记》,清代纪大烟袋纪昀的作品,后来袁枚把它收录在自己的笔记《子不语》里。

纪昀曾经听一位爱堂老先生说过这样一则故事:

有那么一位老学究夜行,(老学究是指不知道变通的迂腐读书人吗?这可是稀罕物,现在的孩子们再怎么学习都不迂腐,这是不是教育的进步?哈哈扯远了)忽遇其亡友。(按现在的说法叫活见鬼了)

难得的是这位老学究竟然有宋定伯一样的定力,人家性格刚直,明知是鬼也不怕,还打了个招呼:"君何往?"想不到那位亡友正在值班,说:"我现在是冥吏,准备到南村去勾点人命,正好跟你同行。"

于是就一起走,走着走着看见一所破屋,那位亡友说:"此文士庐也。"这破屋可是一位文人居住的地方,奈何老天为什么总是要用贫苦来折磨文人!

老学究好奇:"何以知之?"

回答实在是离奇:"一般人每天忙忙碌碌,蝇营狗苟,所以都把性灵覆盖或者淹没了，只有到了睡觉的时候，心定下来，一念不生，这时元神朗彻（道家一般称灵魂为元神）。"依笔者的理解，就是人身上本有明珠一颗，只有到了晚上才会放出光芒来，而饱读过圣贤书的文人们，肚里的文字，字字皆吐光芒，从身体的每一个部位都可以放出光来。

那是一种什么样的光芒呢？"其状缥缈缤纷，烂如锦绣。"五彩缤纷、华丽绚烂的光芒。

这光芒还有大小之分，最大的文人比如"学如郑、孔（指的是汉代郑玄和孔安国，都是博通儒经的大学者），文如屈、宋、班、马者（屈原、宋玉、班固、司马迁）"，他们的光芒可以"上烛霄汉，与星月争辉"。如果一个地方聚焦上几个大文豪，那将是怎样瑰丽的奇观？附近的鬼出来值班都不用打灯笼了哈。

其次是一些普通的文人，那光芒也有数丈的，也有数尺的，根据肚子里装的圣贤文字的多少而决定光芒的强弱，最差的也有光，至少都能像一盏灯一样，把自己家的窗户照亮。

老学究看了看那破屋，却什么也看不到。他的亡友得意地说："你们人怎么能看得见呢？只有鬼神才能看见，比如刚才那间文士庐，屋顶的光芒也有七八尺高。"

这倒是一个识别文人到底有没有真学问的好办法，买通两个鬼，就全都知道了。

莫非就像是极光？

那我们现在的文人怎么来辨识呢？从小就学白话文，圣贤的著作没记住几句，估计应该是不会有什么光芒了吧？再者大家都挤在一幢楼的单元房里睡着，单从楼顶来看，都不知道是从哪家冒出来的。

后来这位老学究想问问自己的情况,就说:"我读书一生,睡觉的时候光芒有多高?"

那位亡友嘀咕了半天,才说:"其实我昨天上班的时候还从你家过呢,我看见你的胸中有高头讲章一部,墨卷五六百篇(墨卷就是前人考中的试卷,被书商刻印发卖,供后人作为范本);经文七八十篇(明清科举考试的八股文,题目都出自四书五经,于是有人将这些经书中可能的题目,分别写成一篇篇文章,以供学生熟背和抄袭);另外还有就是策略三四十篇(古代科举考试一般还要考策问,是就经书、历史、政治等方面提问,考生逐一对答。有人便预先拟作了一些答案,也是供考生熟背或抄袭的)。"

在鬼的眼里,老先生肚子里的这些学问,字字都化为黑烟,笼罩在屋顶上,"实未见光芒,不敢妄语。"这实在是对这位自以为有才的老学究最大的讽刺了,他恼羞成怒,于是"怒叱之"。

鬼说的也许是真话,也许只是拿自己的老朋友开涮了一把。看见老学究翻脸,鬼大笑而去。

肚子里没有圣贤文章,只有应考八股文字的老学究头顶上冒的是黑烟,那我们现在活着的文人,有多少人恐怕冒的都是像蘑菇云一样的毒气吧?

❋ **参考书籍**

《阅微草堂笔记》《子不语》

风俗夜谭

古人对于十二生肖的解读，有哪几条很牵强？

按说在春秋前后，地支与十二种动物搭档，就有了生肖。一直以来，对于十二生肖的排序不能理解。难道古人就是那么想当然地找来了十二种动物，按时辰指派给它们就搞定？似乎老祖先们应该不是这么随意的，这排序当中必有玄机，但是一直没看到相关的解读。民间倒有一些什么玉皇大帝王母娘娘要开会之类，老鼠藏在牛身上先到的传说，只能聊备一笑而已。

后来在明代李长卿《松霞馆赘言》中发现一番对于地支和十二生肖动物相配的解读，有的妙趣横生，有的就实在牵强，今天给看官们一一例举出来，大家看看解个闷，也聊聊哪几条说得不太靠谱。

第一条："子何以属鼠也？曰：天开于子，不耗则其气不开。鼠，耗虫也。于是夜尚未央，正鼠得令之候，故子属鼠。"意思是子时天地混沌一片，而老鼠在午夜正是活动的高峰，是老鼠将天地间的混沌状态咬出缝隙，"鼠咬天开"，所以子时属鼠。再者，参考明代学者朗瑛在《七类修稿》中的理解："鼠前足四爪，偶数为阴，后足五爪，奇数为阳。子时的前半部分为昨夜之阴，后半部分为今日之阳，正好用鼠来象征子。"个人认为，结合两人的观点，将子时配鼠是很恰当的。

243

第二条："地辟于丑，而牛则开地之物也，故丑属牛。"开了天接着要辟地，而"地辟于丑"，牛善耕田，辟地之物牛是首选，所以以丑配牛。这个解读也是可以理解的。

第三条："人生于寅，有生则有杀。杀人者，虎也，又，寅者，畏也。可畏莫若虎，故寅属虎。"这个解读可就非常蹊跷了，"人生于寅"是邵雍在《皇极经世书》里提出来的。有人理解为"寅时是人出生之时"，则太过荒唐；有人解读"有生必有死，置人于死地莫过于猛虎。寅，又有敬畏之义，所以寅属虎"，整体解读牵强之至，虎与寅的关系太模糊，清代刘献廷在《广阳杂记》里引用的也是这个说法，不知所云。如果说，寅时是老虎夜间捕食最活跃的时间段，那就好理解了。

第四条："卯者，日出之候。日本离体，而中含太阴玉兔之精，故卯属兔。"一般理解为卯时，日出之象，太阳应的是离卦，离卦当中所含的阴爻，就是太阴即月亮之精。这样，卯便属兔了。这个解释也是超级复杂而晦涩，看似很宏大，其实不精当。总之是没有说服笔者，只能在此候教高人。

第五条："辰者，三月之卦，正群龙行雨之时，故辰属龙。"辰是三月的卦象，此时正值群龙行雨的时节，所以"辰"自然就属了龙。这个解释也似是而非，秋季更多雨，龙难道就可以偷懒吗？

第六条："巳者，四月之卦，时草茂，而蛇得其所。又，巳时蛇不上道，故属蛇。"四月的卦象，值此之时，春草茂盛，正是冬眠之后蛇出来活动的好日子。另外，巳时为前晌，是不是这个时候蛇就不出来？在洞里猫着？那不是正好干活而不用担心有蛇袭扰？这个也得请教行家。

第七条："午者，阳极而一阴甫生。马者，至健而不离地，阴类也，故午属马。"到了午时，阳气达到极端，阴气正在萌生。马，驰骋奔跑，腾空为阳，踏地为阴，在阴阳之间跃进，所以成了午的属相。那鹿不也是这样跳跃奔跑吗？个人理解，午时阳气最盛，伏羲先天八卦以乾卦为一。乾，天行健，君子以自强不息。而行之最健者，以马为先。所以在《诗经·小雅·吉日》里有"吉日庚午，即差我马"。庚午吉日时辰好，是跃马出猎的好日子，这是将午与马相对应的例子。

第八条："羊啃未时之草而茁，故未属羊。"羊，午后吃草容易上膘，吃未时的草就长得快？

第九条："申时，日落而猿啼，故申属猴。"申时，是日近西山猿猴啼的时辰，猴子喜欢在此时伸臂跳跃，故而猴配申。这个解释比较圆满。

第十条："酉者，月出之时，月本坎体，而中含太阳金鸡之精，故酉属鸡。"酉为月亮出现之时，月亮属水，应着坎卦。坎卦中间的阳爻代表太阳金乌之精，因此酉属鸡。这个解读跟"卯"一样有点摸不着头脑，似乎故弄玄虚，但是又确实不知道夜幕降临时，鸡有什么特殊的活动，所以还是存疑。

第十一条："戌时方夜，而犬则司夜之物也，故戌属犬。"夜幕降临，是为戌时。狗该上岗守夜了，所以戌和狗的搭档顺理成章。

第十二条："亥者，天地混沌之时，如百果含生意于核中，猪则饮食之外无一所知，故亥属猪。"亥时到，天地间又浸入混沌一片的状态，像果实包裹着果核那样，又好像太极图中的鱼眼，为阴则含阳，为阳则含阴。猪是只知道吃的混混沌沌的生物，故此猪成了亥的属相。猪其实并不是那么混沌的，不应该受歧视，所以这个解读也很牵强。那么亥跟猪到底有什么亲密关系，也需要好好斟酌一番了。

✺ 参考书籍

《松霞馆赘言》《七类修稿》《广阳杂记》

佛经揭开属相天机：十二种动物原是得道的神兽

以前对于属相的组成一直不能理解，似乎没有任何规律可言，天上飞的，地下跑的，有兽有禽，似乎是一支有组织无纪律的杂牌队伍。渐次听了一些中国的传说，比如什么王母娘娘开大会，谁第一个来就让当属相第一之类，十分荒诞滑稽。

近来看到了《大方等大集经》，简称《大集经》，才豁然开朗，渊源在此。原来这本是一支训练有素的队伍，其组成也大有深意，十二兽都曾经护持菩萨修行，还能游行教化众生，是应该深受恭敬的。只是其中有一个小区别，这让属虎的人心里一哆嗦——经义中本没有老虎，其实是狮子。哈哈！那么，你的属相难道属错了吗？

北凉天竺三藏昙无谶所译《大方等大集经》卷第二十三有明确说法：

"善男子，阎浮提[①]外，南方海中有琉璃山，名之为潮，高二十由旬，具种种宝。其山有窟名种种色，是昔菩萨所住之处，纵广一由旬[②]高六由旬。

---

① 阎浮提：此洲为须弥山四大洲之南洲，故又称南阎浮提。《俱舍论》卷十一载，四大洲中，唯此洲中有金刚座，一切菩萨将登正觉，皆坐此座。阎浮提原本系指印度之地，后则泛指人间世界。

② 由旬：古印度长度单位，佛学常用语。一由旬相当于一只公牛走一天的距离，大约7英里，即11.2千米。

有一毒蛇，在中而住，修声闻慈。复有一窟名曰无死，纵广高下亦复如是。亦是菩萨昔所住处，中有一马，修声闻慈。复有一窟名曰善住，纵广高下亦复如是，亦是菩萨昔所住处，中有一羊，修声闻慈。"

意思是在世外的南方海中琉璃山上，有三个窟，曾经都是菩萨修行所住的地方，现在分别有一蛇、一马、一羊在其中修行。

接下来讲道："其山树神名曰无胜，有罗刹女名曰善行，各有五百眷属围绕，是二女人常共供养如是三兽。"这句话好理解，不赘述。

这是在南方修行的三个属相，那么在其他的三个方向分别是：

北方银山：金刚窟——猪、香功德窟——鼠、高功德窟——牛；

西方颇梨山：上色窟——猴、誓愿窟——鸡、法床窟——犬；

东方金山：明星窟——狮子、净道窟——兔、喜乐窟——龙。

也各有神女和罗刹女供养。

这里就能看到在东方的金山上明星窟里修行的其实是狮子。隋代智顗大师著《摩诃止观》引《大集经》时，大概因中土本无狮子，为方便信众理解，而将狮子引为老虎，于是慢慢演变，最后山中大王老虎就将林中大王狮子的宝窟给占了。

那么这十二兽跟十二属相是怎么发生关联的呢？

"是十二兽昼夜常行阎浮提内，人天恭敬，功德成就已。于诸佛发深重愿，一日一夜，常令一兽游行教化，余十一兽安住修慈，周而复始。七月一日鼠初游行，以声闻乘[1]教化一切鼠身众生，令离恶业劝修善事。如

---

[1] 声闻乘：佛教三乘之一，称闻佛言教，悟苦、集、灭、道四谛之真理而得道者。赵朴初《佛教常识答问·僧伽和佛的弟子》："四谛的教法，能令人断除见惑（我见、常见、断见等错误见解）和思惑（对世间事物而起的贪嗔痴等迷情），证得涅槃，叫作声闻乘。"

是次第至十三日，鼠复还行。如是乃至尽十二月，至十二岁，亦复如是，常为调伏诸众生故。"

原来这十二兽并不是安住在洞窟之内闭关修行的，它们已经"功德成就"，而受"人天恭敬"，所以是要值班——出来"游行教化"众生的。鼠排班排在了第一个，从七月初一开始，它得上岗，游行天下，去教化一切"鼠身众生"，演说无上菩提之道，令离恶行善。接下来是牛，这样轮值十二天，之后又是老鼠上岗。这样推演开去，尽一年，尽十二年，循环往复。

《法苑珠林》对此的释义是："阎浮提外，四方海中，有十二兽，并是菩萨化导，人道初生，当菩萨住窟，即属此兽护持，行益，故汉地十二辰依此行也。"

这正好与中国的十二地支相配。据洪巽所著《旸谷漫录》："子、寅、辰、午、申、戌俱阳，故取相属之奇数以为名。"与之相对应的鼠、虎、龙、马、猴、狗，它们的蹄或爪都正好是单数。"丑、卯、巳、未、酉、亥俱阴，故取相属之偶数以为名。"与之对应的牛、兔、蛇、羊、鸡、猪，它们的蹄或爪正好都是偶数。有朋友就笑了，蛇无足怎么说？无即是零，零可以归为偶数吗？洪巽的解释是："蛇两舌也。"意思是蛇的信子是分为两叉的，应该也算是偶数吧。

不由得又想到了老鼠出来教化的"鼠身众生"，心里就有一个疑惑，确实是有一些人长得很得鼠相，也有一些人长得像猴、像马之类（请原谅，无任何不敬之意），那这些得道的鼠所教化的是老鼠呢，还是鼠科的所有成员呢，还是长得像鼠的众生呢？

✳ 参考书籍

《大方等大集经》《法苑珠林》

风俗夜谭

圪节：这种高不可测的东西恐怕就是自在地活在五维空间了

上点年纪的人，恐怕都还记得一个曾经响当当的名字：石圪节煤矿。这个矿辉煌了差不多半个世纪，最"高大上"的荣誉称号是"全国工交战线勤俭办企业的五面红旗之一"。

小时候听广播，不曾听清说这个矿是怎么样的好，那也不怎么关一个小屁孩的事，只是觉得播音员用普通话发出的这个"石圪节"的读音挺好玩的，具体是什么意思，不知道。后来定居到太原之后，常听有人给一些上了年纪、办事又不怎么地道的人下个差评："这个老圪节！"什么意思？怎么来的？问了不少人，没人能说清楚。

总之，感觉这事儿似乎跟"鬼"有关，那到底在搞什么"鬼"呢？

按照传统迷信的说法，好人死了会被推荐到天堂，坏人死之后大概会变成鬼，善者为好鬼，不得善终者为厉鬼，成了厉鬼往往还要跑回来找仇人算账，而且总决算的手段都极其惨烈严酷。这无非是警告做恶事的人小心切记："福祸无门，唯人自招，善恶之报，如影随形。"

在佛家的经典里，说横死的人也是要被送入地狱的。这好像难以理喻，似乎对那些做了不少善事突然遭遇不测的人未免有些不公，难道是分管人

249

历史的横切面
另类角度看中国史

间善恶的神们工作太忙，日理万机以至来不及调查验收，先统统打入地狱再说？后来看了一种说法，好人之所以屡遭不幸，是因为一世要完结几世的恶因，那倒也是很合理的解释。

在我们听的评书里，连岳飞死后也变成了厉鬼，他每天踹击秦桧的背部，致使其背部生一大疮，最后取了他的性命。后来还看了一种说法，也说岳飞是在饿鬼道，不过，不是普通的鬼，而是威风凛凛的鬼王。

要说李慧娘和窦娥变成了鬼，似乎可以理解，可连岳飞这样的人都变成了鬼，可见鬼离我们实在不遥远，而且鬼也不是尽属恶鬼。我斗胆猜测，岳飞这样的鬼肯定是不会与我们为难的。

关于鬼的故事要是综合起来那可真得车载斗量，我们没有纪晓岚先生的本事，有影儿的事和没影儿的事都罗列了一大筐，还编了一本集子叫《阅微草堂笔记》。"阅微"是否要探微？向微观世界要说法？

纪晓岚说起鬼来也算是言之凿凿，这么有学问的人都说有鬼，要说没鬼，那这么多的鬼故事都是无风起的浪，没有风能起这么大的浪，岂不奇哉怪也？这也且不去管他，我们学学孔子，这位老先生对此等事就保持沉默，"子不语怪力乱神"，不说有，也不说没有。

后来的王充师傅就不服，他认为这世界上根本没鬼，如果有，人死之后统统变成了鬼，那现在这个世界上低头不见抬头见，磕头碰脑的不全成了鬼？王充没有想过，他以为他的这个说法足以证明世界上没鬼，也有很多人信以为真。是啊！世界上死了几百千亿人了，要都变成鬼，哪里还有我们生存的空间？

以前也很佩服王充师傅的观点，直到不久前，看了南怀瑾先生的《禅海蠡测》，里面有关于"圪节"论述，才发现王充的观点原来是很值得商榷的。

250

风俗夜谭

按照王充先生的说法，世界上哪里能放得下这么多的鬼，其实不光是地球上放不下，想必连鬼们也不愿意，我们现在住房条件都那么紧张，他们难道就不要求最低的生活保障吗？

看了南怀瑾的《禅海蠡测》，我才恍然大悟，啊！原来鬼也是要死的。当然这不是南怀瑾先生发现的，他在书里引用了聂先所著《续指月录》的一则公案，是沩山禅师参访百丈禅师时两人的对话，内容繁复深奥就不重复了，只是在对话过程中，百丈禅师的一句话使我茅塞顿开，他说："汝道无，这个聻（jiàn，鬼死后之称）。"

《续指月录》成书于清代，最早见到这个字是在金代韩道昭所作的一部韵书《五音集韵》里："人死作鬼，人见惧之。鬼死作聻，鬼见怕之。若篆书此字贴于门上，一切鬼祟远离千里。"

至此，我彻底明白：原来鬼也是要死的！而且死了之后，还有名字，就是"个聻"，发音是如此接近，我几乎可以肯定，它就是让我迷糊了几十年的"圪节"！

我合上书，得这种解释法实在奥妙无穷，我是这么想象的：人死之后为鬼，鬼死之后为"圪节"。如果人生活在三维空间，那么鬼有可能生活在四维空间里，而"圪节"这种高不可测的东西恐怕就是自由自在地活在五维空间了。以我这样愚笨的脑袋，能想到这儿已经是破天荒了，而霍金先生说有十一维空间，这事估计只能问问"老圪节"了。

那么，鬼也不是长生不老的，以前总以为鬼这东西就是专门与我们人类为敌的，而且它们似乎无所不能，来无影去无踪，专门吓小孩。按照佛门的说法，鬼确实具备了人所没有的五种神通，但在六道里却排在人道之下。要按生物学食物链的说法，人倒像是鬼的下级，被鬼吃定了还没地方

251

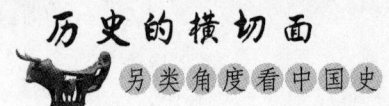

说理。当然了，现在看起来，鬼们"吃"得很讲究，几乎不怎么吃好人。只是它们也有生老病死，世界真是太公平了。

那么，这个石圪节煤矿里的"圪节"应该也是"个薴"的延伸。还有老太原的土话说人是"老圪节"，那一定是说此人比鬼还要鬼了。这么一想，不禁莞尔，语言这种东西实在趣味无穷。只有在这种文化积淀非常厚重的地方，才会有这些穿越时光的积累。就像是一个朴素老人平时不苟言笑，偶尔笑了一下，竟露出一颗大大的金牙来！

"圪节"这个词用得最多的是洪洞话。洪洞方言由于人的倔强而保留了很多的古音，这个"圪节"在洪洞人的嘴里每天不说十次也得有八次，这"圪节"、那"圪节"，随处可闻。我以前以为只是一个习惯性的辅助音，哪里能想到还有这么深的来历。

剩下最后一个疑问，鬼是要死的，死了去当"圪节"，世界似乎在这里又向纵深延展，从三维发展到了五维，那么，这个"圪节"又会不会死呢？死了之后它们又会去向何方？又会叫什么名字呢？还有更深邃的六维空间吗？如果没有，那好的"圪节"是不是又转向了人类呢？这些看不见摸不着的维次到底是怎样运转的？又是谁在监督并使之在正常轨道运行呢？

我想不通又无从查起，只能在这里静候各方高人的指教了。

✱ 参考书籍

《论衡》《续指月录》《禅海蠡测》

渡劫这么惊天动地的事，古人笔记里是怎么记录的？

碰上那种电闪雷鸣的恐怖天气，一准会有人说："嚯！又有道友渡劫了！"一时雷电齐收，云开雨霁，那么"这是飞升了还是被击毙了"？

喜欢修真玄幻类小说的朋友对于"渡劫"这个词一点也不陌生。这个热词有点意思，但是看了不少介绍都语焉不详，后来终于在《庸盦笔记》和《广阳杂记》里找到了古人的笔记，写得较为详细，愿跟幻友们共享。

一般来说，生灵都有修炼的权利，但要渡劫飞升不仅得是八级钳工自己本事硬，还得过别人的关才行，就是还需要经历天劫考验。考官大概是雷公和电母之类的铁面判官。

要过雷公这一关相当不易，雷公一手持雷斧一手持雷楔，于是天雷滚滚而来，震人心魄！

曾国藩门下四弟子之一、光绪初年曾经在浙江击败法国海军的薛福成写过一本《庸盦笔记》，其中记录不少好玩的事。他写了两个渡劫的事例，一个四尺多长的蝎妖，渡劫失败（失败原因是雷劈都躲过去了，可惜被好事的人在后面放了一枪给坏了事）。

还有一个渡劫成功的蟒蛇妖，怎么干的？有人分析，蛇妖先在老槐树中蜕皮，避过了第一道天雷；被发觉后，又躲在天坛祈年殿匾额之后，借匾额躲过了第二道天雷；再次被发觉后，蛇妖又躲入祈年殿中。最终，天雷把祈年殿烧毁了。成功的依据是蛇妖不知所踪，如果被雷劈住了应该留下遗体。

更神奇的事出自《广阳杂记》：

"南岳有飞来石船，在祝融峰下，长数十丈，篷桅篙橹，无不逼肖。……国初，有僧号破门，结茅于其下。……次年辛卯三月十二日夜，大雷电，石船震碎。闻之山僧曰：是日午后，见有野狐曝其上，忽紫云垂下，雷声大作而狐毙。半夜，大雨如注，山水泛涨，推船去，疑以击狐之故，惊起蛰龙也。翌日，有南天门道人于其所拾得雷楔一，长四寸，阔一寸六分，其上脑崩去少许。亦异矣。"

大意是在南岳衡山祝融峰下本有一巨石如船，那天午后有野狐估计是要渡劫的，但是没弄好，可怕的是"紫云垂下，雷声大作"，于是被天雷击毙了。更奇的是雷声太大惊动了蛰龙，山洪大涨，竟然把那个石船推走了。更神奇的是，有道人拾到了雷楔，大小尺寸俱有。

宋代沈括的《梦溪笔谈·神奇》里说："世人有得雷斧、雷楔者云：'雷神所坠，多于震雷之下得之。'"

宋代蔡绦的《铁围山丛谈》卷四也记载雷击了一个坏人谢秀才，"腹中得一雷楔也。"

看来这雷楔果然是雷公的利器。清代纪大烟袋的《阅微草堂笔记》也讲到，有个不遵妇道的宦家子妇，也不知道干了什么逆天的坏事，"突狂电穿牖，如火光激射，雷楔贯心而入，洞左胁而出。"死得竟然惊天动地而且如此难看。

✱ 参考书籍

《阅微草堂笔记》《梦溪笔谈》《铁围山丛谈》《广阳杂记》

 风俗夜谭

耳朵里长出长毛来千万不要拔，且听听古人是怎么云的？

有人见自己的耳朵里长出长毛来，认为有碍观瞻，影响自己的光辉形象，经常会忍不住要拔掉，但是这个毛毛还是不能随便拔的，里面有学问，且听听古人是怎么说的。

经云："眉毫不如耳毫，耳毫不如颈下之绦也。"这是哪个经里云的，且不说，来自何处？是陈抟老祖。他说："'双条（绦）项下，遇休咎而愈见康强。'老人项下有两绦，主寿延。人有此线，若遇休囚而不为凶，见其康吉也。"

说完这段话，他就此用了那句"经"，可见经过陈老祖的验证。

先说眉豪，就是眉毛中间长出来的长毛。清代大医家张志聪认为："毫毛者，眉中之长毛，因血气盛而生长，亦后天之所生也。足太阳之脉，起于目内眦，循两眉而上额交巅，是以皮肤之血气盛，则眉美而有毫毛也。"意思是，眉中有毫毛者，血气盛，多长寿，故称寿眉或眉寿。

在古人的经典中屡言眉寿，如"绥我眉寿""以介眉寿""眉寿万年"。钟鼎文字中言眉寿尤多。据宋代彭乘的《墨客挥犀》记载，宋代名相范仲淹之画像就有"耳毫数茎"。

清代当过两江总督的梁章钜著书《浪迹丛谈》，写道："云台师尝与

余对坐良久，熟视而言曰：'君眉间有二长毫，此寿征也。'……然细察吾师耳间有长毫数茎，而余耳际亦微有毫。记得相书中云：'眉毫不如耳毫，耳毫不如项下绦。'今'眉毫''耳毫'皆有征，惟'项下绦'则尚未详辨耳。"

梁章钜在这里就提到了耳毫，他自己也长着呢，这和陈抟老祖说的几乎一模一样，他知道眉毫耳毫是怎么回事，却搞不清楚"项下绦"是何所指。

"项绦"在《麻衣相》中有表述，"小儿项下绦纹者，富而寿。"而《神相十观》亦说"项下双绦，心窝不陷，腹宜有囊如葫芦"。这都是长寿之征。

人的脖子前为颈，后为项。"项绦"即脑后发际下方的环项肉纹，就像在脖子上系了一条丝绦。倘若项下有"双绦"者，那就更是长寿的象征。

也有相家另有说法："眉毫不如耳毫，耳毫不如项系，项系不如夜漕漕，夜漕漕不如阴骘纹。""项系"说的就是项绦。"夜漕漕"指的是口水，中年人生口水是增福增寿的先兆。阴骘纹常生于三堂，即额头和两颧骨，它以气色呈现，黄和紫红为佳，据说这可是累生累世修善的积淀。

还有一种说法，是吃货们的福音："眉毫不如耳毫，耳毫不如老饕。"意思是即使你耳朵里长出长毛来，也比不上贪食的人寿长。这是宋代人袁文在《瓮牖闲评》里引用的谚语。吃货中的极品苏东坡先生专为此作《老饕赋》，可见一生保持一种旺盛的能吃状态，也是相当不容易，长寿可期。"特别能吃苦"，如果只做到前四个字，也得恭喜您寿比南山不老松了。

❋ 参考书籍

《浪迹丛谈》《麻衣相》《墨客挥犀》《瓮牖闲评》

风俗夜谭

赌鬼赌鬼，是赌神迷龙在你脑子里下了蛊吗？

那段时间香港人拍了一系列的赌片，出神入化的演技让发哥似乎成为赌神的化身。近日看袁枚的《子不语》，里面还真写到了一个赌神，连赌神的玩法也有介绍，真是有点意思，和赌友们共享。

话说有这么一个姓李的哥们儿，曾经当过缙云县令，结果因为好赌被人给参了一本，革职了。但这位李县令实在是好赌成性，几乎一日不可不赌，就是到了病危的时候，还用肘击打床板，大叫："卢！卢！卢！"

啥意思呢？这里顺便给大家说说这"呼卢"，来历是这样的：古时候赌博用的是木制骰子，一共五枚，每枚有两个面，一面涂黑，画的是牛犊，一面涂白，画的是雉（大概是麻将里幺鸡的老祖宗）。一把掷下去，如果五子皆黑者就是卢，通吃；如果是五子四黑一白者就是雉，那是次胜（小王？）。赌博的时候为求大胜通吃，往往是一边掷一边大声吆喝，所以赌博还有一个雅号就是"呼卢喝雉"。

当时这位李县令的老婆一边哭一边劝他："他爹呀，你气都喘不上来了，何苦这样啊？"

李县令说："赌博又不是一个人玩的，现在是三缺一呀，我怎么能不上呢？就在这床边上有好几个哥们儿，我们正掷骰子玩呢，你们看不见罢了。"

说得人后脊梁都冒冷气。他说完，很快就像是咽了气。可过了一会儿，他又醒过来了，伸手对家人说："赶紧给烧点纸钱，我得还人家的赌债！"

"他爹呀，你这是跟谁赌呢？"老婆禁不住要问。

"在阴司里赌呢，下去才知道人这赌性是怎么来的。在阴司里，有个赌神，大号叫迷龙，手下有几千赌鬼。这些赌鬼专门打探谁要托生了，于是就请迷龙做一个花押（大概是一种防伪的签名纸），然后赶过去，把花押放在托生的人的天灵盖里。这个人只要一离娘胎，就好赌成性，就算有严父有贤妻也救不了他了！"

呵！原来这生性好赌的人生前就被洗了脑，脑子里都装有特制的软件。

说着这位李县令还引经据典地说："这赌神从古就有了，好赌的官可不是我一个，《汉书》里有记载被参被革职的侯爷还有十几个呢！"

说着他就发感慨："哎呀！这人呐！只有一心贪赌了，有美食可以让给别人吃，家有美妻可以让给他人，自己浑浑噩噩，都是这赌神迷龙在作祟。"

看官！人之将死，其言实在是善！如果你也好赌这一口，这话还点不醒你吗？

"那阴间的玩法和阳间有什么不同呢？"旁边有个小厮估计也是赌鬼转世的，他问。

李县令说："阴间的玩法是十几个赌鬼一起玩，同时掷十三个骰子，谁掷出五彩金光来，谁就获胜。"

"赌神也玩吗？"

"他不玩，他高坐在那儿，只管抽头，他才是阴间最大的土豪。呵！"

随后他说："好了，你们现在赶紧给我烧一万纸钱，给了迷龙，他就能放我生还。"

家人哪敢不信，赶紧就烧钱给他，可想不到，这位李县令竟然慢慢闭了眼睛，死了！

有人说，李老爷这回可是弄了一大把的赌本，放放心心下去赌去了！

笔者得按一句：人痴迷赌博到了这种地步，简直是舍生忘死，这李县令，也算是千古一人了吧？事情虽然说得荒唐，但是理一点也不荒唐，信不信？反正我是信了，您呢？

参考书籍

《子不语》

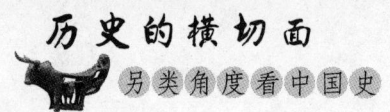

巨蝎贪吃花椒，如此吊诡的结局，四川人能否给个说法

在清代人长白浩歌子的《萤窗异草》里读到一则非常有趣的故事，抄录来与读者诸君共享：

传说在今天河北一带一座石桥的下面，有个大毒物，过往的人相互告诫，千万别在那个桥上休息，否则死都不知道是怎么死的！

有一天来了一个外乡贩花椒的，此人赶了两头驴一路奔波而来。当时正值暑天，人和驴都走得燥热，来到这座桥上的时候，看见有树荫，桥板也干净，贩子就决定在桥上休息一下。

贩子把装花椒的笼子卸下来放在石栏上，让驴也轻松轻松，驴就跑到桥旁边吃草去了。

贩子自己躺在石桥板上歇着，谁知道很快就进入了沉沉梦乡，大概是太累了。

就在睡梦当中，他听见有呼呼的风声，又听到有什么东西窸窣作响，可他一时就是醒不过来。

过了好长时间，总算醒了，贩子起来检视自己的东西，花椒倒是还在，驴也在，不过在花椒笼子的旁边、桥栏的一侧还挂着一个庞然大物，像一个大琵琶一样，灰青色，再仔细一看，我的个乖乖！一只比他的驴还大的蝎子!

贩子魂飞魄散抹头就跑,跑出一截听见身后并没有动静,回头看,巨蝎一动不动,又慢慢地走回来再看,几番探视才确定这个大怪物已经死了,而且从翻开的花椒笼子来推测,这家伙是因为吃了花椒被麻死的。

贩子壮着胆子收拾了花椒,还把死蝎子也捎带上了。蝎子到底有多大呢?"一驴载蝎而行,首尾皆拂地焉。"蝎子放在驴背上,头和尾巴都能挨了地。我的天!没有个两三米怕是够不着地吧?

现在问题来了,贩子、我,恐怕还有看文章的你都在想,蝎子为什么吃了花椒会死呢?

我勉强解释是:《本草纲目》多次提到"椒,纯阳之物",难道这蝎子是纯阴之物,遇到花椒就被克制了吗?

也许这花椒真有辟毒虫的功效,所以汉代的未央宫有椒房殿,就是用花椒粉末和泥涂墙壁而得名,有解释说是取其温暖、芳香、多子之义,我看倒是防治毒虫和去湿气才是最重要的。

但是问题还在,这个已经快成精的大蝎子怎么会去吃克自己的花椒,而且还把自己给吃死了呢?

不麻不辣不高兴,爱吃花椒的四川人、重庆人能给个说法否?

❋ 参考书籍

《萤窗异草》

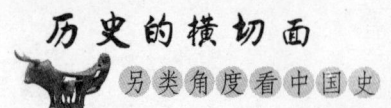

天仓节，此日我家东西概不外借！

身卧农耕文明的发祥福地，锦绣太原城的金字招牌可不是大风卷着黄土刮来的。几千年来，太原一直低调地镇守在表里山河的中央，但它的殷实却让历代王朝的统治者们从不敢小觑一眼。

对于小老百姓来说，农耕带来的最踏实的好处是，仓里有粮，心里不慌。可见"仓"对于老百姓的重要无异于生命。但是每到过年，大家都要祭祀孝敬各路神祇，腊月二十三要敬灶王爷，正月初一要祭了财神才出门拜年，太原人初八黄昏后还祭星神。总之，各个地方都有各路神爷镇着，都要孝敬一番，那么仓库这么重要的地方，是哪一位神灵在此值守呢？

深入到典籍资料中查找，还真有收获，太原历史这么厚重的地方，怎能薄待了仓神呢？

话说以前老太原人过年几乎持续一个正月，直到正月二十五，这一天，太原城在东西米市设立仓官神位，老百姓纷纷前往致祭，还得大放烟花爆竹。正儿八经地过了这个节，太原人的热闹年才算是万事大吉了。

查来查去，这个节叫天仓节，也叫填仓节，还有叫添仓节的，但我觉得天仓节更虎气一点。这一天不仅重要，还是一个妙趣横生的节呀！

先说仓神，有好几种说法。第一种说法是，为纪念一位好心的无名仓官。相传古时北方曾大旱三年，饿殍遍野，这位负责看守朝廷粮仓（天仓）的官员，就在正月二十五这天毅然开仓放粮救济穷人。这位仓官知道自己触犯了王法，放粮之后又放火烧了天仓，并自焚于火中。

第二种说法是，仓神应当是仓星。《晋书·天文志》说："天仓六星，在娄南，谷所藏也。"

第三种说法是，西汉淳于衍曾做过粮仓官，为人正直，后遭人陷害，判死刑入狱，经女儿上诉赦免。后人为了纪念他，定正月二十五为天仓节。

还有一种说法，仓神是汉代鼎鼎有名的大将韩信。清韶公《燕京旧俗志》云："相传仓神为西汉开国元勋韩信，俗称之曰韩王爷，不知何所根据而然。其神像系一青年英俊者，玉盔龙袍，颇具一种雍容华贵之象。"

老百姓弄不清也不管他仓神到底是哪一位神灵，反正都恭恭敬敬地供着。而且这天也着实热闹，宋代孟元老在《东京梦华录》中就这样记载："正月二十五日，人家市牛羊豕肉，恣飨竟日，客至苦留，必尽饱而去，名曰填仓。"

这边得敞开肚皮吃，那边还得储备，太原有俗语说"点遍灯，烧遍香，家家粮食填满仓"，这一天也得买米面油盐把过年吃空的"仓"补上，这是添仓的寓意。

为了祈求风调雨顺，五谷丰登，谁家都不敢怠慢。人们把谷面或软米面捏成仓官爷、谷囤、粮仓及各种家畜家禽形状的灯，里边要包上煮熟的红枣豆子，灯芯用细谷梗裹棉花制成。入夜，灯内注油，将粮仓灯放在存粮处，牛灯放在牛圈窗台，鸡灯放在炕头，狗灯放在门上边，猫灯放在墙角等，然后一一点燃。最可喜的是那位仓官爷灯，灯高五寸多，爷头戴红缨帽，左手执一面簸箕，右手拿着斗，骑着马，马身上还驮着不少口袋。

仓官爷灯要放置在一个大碗里，再漂浮在水瓮中。放的时候要念叨："仓官爷爷饮马来，银钱粮食（或麻子、黑豆）驮着来，麻子炸了油，黑豆喂了牛。"

中国人过节最大的特色是吃，每个节都得吃出花样来。太原人过天仓节是吃"盖窖饼"，其实就是家常烙饼。窖以前几乎家家有，可不就是仓嘛。吃"盖窖饼"的寓意，是将从头年腊月为准备过年而打开的窖口盖住，不让窖里的食物被胡吃海喝光了，要细水长流。

最妙的是，这一天只进不出，于是粮满囤、水满缸、柴炭满灶间，讲究的是财物不往外流，家里的东西概不外借。哪个二愣子要真不懂这乡俗出去借东西，恐怕真得四处碰壁灰头土脸了。

民国时候太原人还红红火火地过天仓节呢，一转眼百八十年过去，现在住进高楼大厦都没有仓库了，甚至都不用囤粮食了，过年备一些大白菜和大葱的人都越来越少了，社会安定祥和富足，东西在哪儿都买得到。

仓神下岗了，也许已经离我们而去，不知道老人家现在何处高就？我心里隐隐有一些惆怅，天仓节没了，我们失去的仅仅是这样一个节日吗？是不是对粮食的敬畏也没了呢？是不是那种踏实对待生活的态度也淡了呢？何况，还有那么多有趣的讲究，那是一个多么接地气的节日啊。

✳ 参考书籍

《晋书·天文志》《东京梦华录》《燕京旧俗志》

风俗夜谭

领了房产证，房子就是你的吗？醒醒吧，五个大股东里都没你！

听说要换"不动产证"了，还没有通知到我家，正在这个当口，在《茶余客话》上看到了一则趣话，拿出来与诸君共享。大致的议题就是：领了房产证，你以为房子就是你的了吗？

《茶余客话》是清代人阮葵生所著，里面有一则是《货财五家》，意思是你家里所有的财产其实并不真正是你的，你就急赤白脸地争取捍卫你的权益，充其量你也就是六个股东里最小的一个。不信？且看来⋯⋯

《货财五家》里讲到的这个意思，在多部佛学经论里都有讲到：

《杂譬喻经》："财是五家之分，盗贼水火县官恶子。五家忽至，一旦便尽。"

《大庄严论经》："家中有财宝，五家之所共。"与此相通。

《大智度论》卷十三："若出为人，勤苦求财，五家所共，若王，若贼，若火，若水，若不爱子用，乃至藏埋亦失。"

意思是房产是最贵重的财物吧？而这财物在你之前还有五个东家，他们分别是大水、大火、盗贼、贪官污吏，还有最重要的也是最让人头疼的一个，是不肖子孙。当然，也还有其他的解释，如果再加上刀兵和医院，

265

你就更难过了，八个东家，你是最没有话语权的那个。

先说第一个"若王"，那就是官家呀。人家给你发个小红本本，上面写着或五十年，或七十年，你只是个短期的住户而已，而政策是一种在法律当中归之为"不可抗力"的可怕物事，你怎么惹得起？有些人曾经吹嘘自己在全国各地有多少多少套房，你倒是拔根毫毛变出几十个你来，每天晚上一套房里睡一个？一朝纪检委跟你照个面，你就是有一整个小区的房子，也都再跟你毫无干系。

第二个说"若贼"。不怕你有钱有房，就怕贼惦记。老祖宗总是说"勿谋良田，勿营华屋"，就是不想招嫉招贼，可是没有几个人能想得明白，就是想得明白也做不到，安贫乐道是说给别人听的，低调生活是装给别人看的。但是，这里很不客气地说，谁敢说自己家的财产没有盗贼的股份？山西有个姓白的大官儿，不就是家里进了个贼，偷了他的钱（据说上千万，当时怎么扛得动？），还把他的官帽也偷走了，最后赏他一副手铐。

第三个说"若火"，还有第四个说"若水"，就是天灾人祸，放在一堆儿说，水火无情，谁也惹不起。更何况还有地震，虽说房子是"不动产"，但是地震的时候，你的不动产动一下，你也得吓个半死不是？

最后一个说"若不爱子"。佛家语真是讲究，说得太客气，就是不肖子孙败家子。在他们面前，父母无非是欠了人家一屁股债的愿意终身扛长工的可怜人而已。曾经有父母不就是把自己的房子卖了租房住，把钱送给在北京的儿子当首付？你在肋骨上挂着的那几文血汗钱，儿子说结婚钱还不够，你就得巴巴地送过去。到最后，一口无常气你没上来，剩下偌大的家业都是他说了算，他就是怎么糟蹋，你也管不着，就像灵石的王家大院一样，子孙要吸鸦片，先人在风中凌乱……

所以说"人生现在财产，为五家所共有。"自以为房产证上写着名字的你，还不在此列，这可真是让英雄最气短的事儿了。

"任何人都不能真正拥有"——这是财富的本质。不仅人死之后赤条条而去无法带走一个铜板，就算现在已经揣在你兜里的人民币，也不能全算你的。官府、盗贼、水火灾害、不肖子孙，他们随时都可能取走你的钱财。

中国人有钱了，爱起个大宅子再修建个大园子，经常有想不通的人还爱把自己的尊姓冠在"园"字的前面，比如什么何园留（刘）园之类，实在是小家子气。有人想得稍明白点，起了一个"吾园"，意思是不管谁以后得了这园子，都可以用这名字，但还是我执沉重。我们洪洞的前贤张瑞玑老先生更进一步，起了一个相当豁达的园名，叫"谁园"，似乎仍有一丝牵绊在其中。到现在，如果有谁再起一座花园，起名叫"公园"，您就真算是想得透彻了。哈！

所以，领了房产证也不用窃喜，您也不过是丫鬟挂钥匙，当家不做主。在有生之年，积点善因，积点福报，确实比多积点钱财靠谱，因为这些无形资产，上面所说的那些个大股东，都从咱手里抢不去。

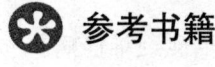 参考书籍

《茶余客话》

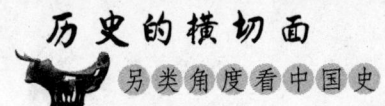
历史的横切面
另类角度看中国史

古代中医如何治过敏？现代人体质越来越差了？

过敏对于现代人来说，已经不是什么稀罕问题，几粒小小的氯苯那敏或者阿司咪唑之类的药基本就能解决。但这个病应该不是现代人才有的，古人如果得了过敏，悬壶济世的郎中们会如何应对？

近日看《广阳杂记》，作者刘献廷本人就是一名高明的医者，他在书中记录了这样一个案例，新郎官突然得了过敏，中医是如何绞尽脑汁把他治愈的。

说的事发生在康熙年间，有个年轻人大婚迎娶新娘，可是还在蜜月里就出了怪病，先是发疹子，然后全身都肿了，尤其头部肿得像斗一样大，请了不少大夫都束手无策。

有人就推荐国医高手崔默庵，此人曾经妙手回春多次治愈疑难怪病。

崔默庵被请来了，他竟然也没见过这样的症状，这个年轻人六脉正常，只是有一点虚症，一时间就拿不准。

崔默庵是坐着轿子远道而来的，当时也饿了，于是就在病人的床前开饭。

他看到新郎官脸肿得不成样子，甚至不得不用手费力地掰开眼皮才能看着自己用饭，崔默庵问道："想吃吗？"

病人说:"能不想吃吗?但大夫们都说不能吃……"

崔默庵说:"这种病对饮食没什么妨碍吧?"

于是就叫人给他上饭,病人吃得很香。

崔默庵默默观察了好久仍然找不到病因。

他站起来在病人的居室里来回踱步,感觉新做的床柜桌椅的气味很大,很刺激人,他突然之间明白了!

他立刻让病人搬到另外的房间里,再用几斤螃蟹捣烂,敷遍病人的身体,也就一两天,病人"肿消疹现,则极顺之症也"。

刘献廷总结的病因是"盖其人为漆所咬",不知是否可以理解为漆过敏所致,如果是,崔默庵的疗法倒是值得研究了。

说句题外话,新郎官的过敏难住了一大批清朝大夫,可见在当时,过敏是少见病,属于疑难杂症。但为什么现代人过敏的越来越多,是我们的体质越来越差了吗?

✳ **参考书籍**

《广阳杂记》

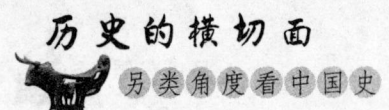

这位神医指使手下调戏采桑少妇,人家丈夫打过来了

有那么一位自称是天医星的神医,且不说医术高明到何种程度,只是行事怪诞就让人瞠目结舌。

这天,他正坐着轿子在乡间小路上悠哉游哉,忽然看见一名美女在采摘桑叶,这神医不由得就看出了神。

他忽然叫人落轿,然后就命令自己的轿夫过去,把那个美女给他抱过来!

轿夫一时惊得失色,但主人的话又不敢不听,只好战战兢兢地上去,趁人家美女不注意,扑上去就来了一个大熊抱!

美女,不,准确地说应该是少妇,当时一看来了个耍流氓的,一时又羞又急,不由得大声怒骂!

轿夫不管那些,反正出事主人兜着呢,我就死死抱住你不放。

少妇的老公就在附近,听见怒骂声,飞奔而至,准备对轿夫大打出手……

正在此时,神医大喝了一声:"都住手!我有话说!"

神医起码长得也是仙风道骨的,大家就先住手且听他要说什么。

"我是知道这位夫人有重病在身,才故意让人这么做的,是为了给这位夫人治病！"

少妇的老公看看自己的老婆好好的，哪里有什么病？你这无赖，还撒着泼天大谎来蒙爷爷？

"少安毋躁，且问问你的娘子，她是不是觉得浑身酸痛？"

那少妇不觉瞪大眼睛："这你怎么知道？"

神医说："我还知道你这是要命的病！这就是天花呀，而且你的病很特殊，这痘疹已经在皮膜间，因为你火盛所以发不出来，这太危险了，命在旦夕之间！"

少妇的老公将信将疑："就算你说的是真的，那你也不能让人欺负我老婆吧？"

神医哈哈一笑："我让人去抱她，就是专门激她大怒的，她只有这样大怒，痘才可能发出来，现在看起来，效果不错，今晚你娘子就会出痘，如果不出，那可就小命难保了。"

神医说完带人扬长而去，留下这两口子张口结舌，不知道该说什么才好。

当天夜里，少妇果然遍体生痘，粒粒如珠，这才相信神医果然所言不虚。

这时候回过味儿来，这不仅不是耍流氓，还是救命之大恩，焉能不报？四下打听，这才知道，他们碰上的果然是大大的神医，他的大名就是叶天士！

叶天士名桂，是清朝雍乾年间的国医圣手。

不知道在座的有没有中医名家，也不知道这段记录是否符合医道？恭请方家指教。

❈ 参考书籍

《不药疗法验案》

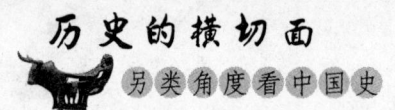

"装"的最高境界及开山鼻祖

每每到了毕业季,就是各种同学聚会高潮迭起的时候,大家都知道同学聚会,最招人讨厌的就是各种"装",装得特别假,特别累。具体怎么装的,"装"这个流派也各有各的套路,无非是装大款装富婆,各种攀比、炫耀,大家也都见过,就不再细说。今天就是由这事想给大家说说这"装界"的历史渊源。

要说这"装界"的开山祖师,大家都公推许由君。传说,尧曾经想把君位让给他,结果人家许由是那么"清高"的一个人,不但拒绝了尧的请求,而且连夜逃进山里,隐居不出来了。

当时尧还以为许由谦虚,更加敬重他,又派人去请想让他出来当个"九州长"。不料许由听了这个消息,竟然跑到山下的颍水边,掬水来洗他的耳朵。其实,当时还有一位装界的世外高人,名叫巢父,此人看见许由在那儿装,就冷笑一声说:"你可是弄脏了这清溪水,还让我的牛怎么喝!"说完,人家牵起小牛,到水流的上游去了。

这可真是装得让人高山仰止,跪残了膝盖,咱且放下不说了。到了东晋的时候,一大批的"装界"高手横空出世,其中真正顶尖级的应该算是谢安了。

当年谢安的弟弟谢石、儿子谢琰和侄儿谢玄等人带着八万人去跟人家号称百万大军的前秦打仗，实力非常悬殊，谢安当时是总指挥，这就是著名的淝水之战。当探马把大败前秦的捷报送到时，谢安正在与客人下棋。他看完捷报，轻描淡写地放在座位旁，不动声色地继续下棋。客人憋不住要问他，谢安拿起一颗棋子，稳稳地落下，然后淡淡地说："也没什么，孩子们也能办点事了，他们已经把敌人打败了。"您可以想象一下当时客人看谢安的眼神了，看人家这宰相范儿！用咱现在的话说，那真得长跪不起了！

　　直到下完了棋，客人告辞以后，谢安再也压制不住心头的狂喜，冲进里屋去给老婆家人报喜，跨过门槛的时候，把木屐底上的屐齿都碰断了。

　　这才是不装的真实的谢安，很可爱。知道了人家这开山祖师和顶尖高手的装，似乎觉得也没有那么讨厌，可是为什么有的同学在聚会的时候那么讨厌呢？

　　这是因为装也是有境界的，人家这种是有料的装，你在那儿装大款、装富婆，那是没料的装。那是不是真的大款同学出来装一下就不讨厌呢？也讨厌，一场同学聚会而已，你装个什么劲儿！

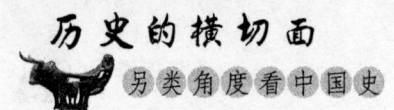

唐代最诡异的易容术——不到一个月,连亲兄弟也认不出赵云了

说到易容,大家都知道春秋时期,晋国豫让为了报智伯知遇之恩,曾经吞炭以变声,漆面以毁容,就是为了不让赵襄子认出来,结果还是没弄成事,只能伏剑自杀,成就一段千古传奇。

近读《独异志》卷上,有一段被人残酷易容迫害的故事,提起来耸人听闻。

唐元和年初,有一个天水人名叫赵云(此赵云非三国彼赵云也),此人游玩到了中部县,因为跟县官相识,就在一起吃饭喝酒。在此期间,衙役带过来一个犯人,罪也不怎么重,县官当时想饶了他,没想到赵云喝大了,就多了一句嘴,说这样的罪怎么能轻纵了呢?结果县官就听了他的,把那个人重责了二十。

过了一个来月,赵云到塞外去,到了芦子关,在路上碰到了一个人,那个人请他到家里吃饭喝酒。喝到中间,那人问他:"阁下还认识我吗?"

赵云说素昧平生,但那人说:"可我认识你呀!就在上个月,因为你的一句话,我才遭受了重刑。"

不是冤家不聚头。赵云赶紧给人家赔不是,可是那个人不吃这套,因为"吾望子久矣"！所以，必须"于此获雪小耻"。

于是，他叫左右把赵云拉到了一个房间里，里面有一个大坑，深三丈有余，坑里放着大批的酒糟。赵云被剥去了衣服，推进了坑里，然后就没人管他了。

这可是叫天天不应，叫地地不灵。饿了呢，只能吃酒糟，渴了呢？就喝那个酒糟的汁，反正跑也跑不了，死也死不了，但是每天这么吃喝，肯定是昏昏沉沉的。

快到一个月的时候，有人来把他绑了出来。这时候，最让人匪夷所思的场景出现了——

那些手下人没鼻子没脸地把赵云使劲搓揉了一顿，皱的地方弄展了，展的地方弄皱了，连他的手指、肩部、腿部都揉了一气。谁能想到吃喝一个月的酒糟能让一个人的皮肤跟现在的橡皮泥一样，要怎么变形就怎么变形呢？接下来，把他再提到风里那么一吹，然后就定形了。原来的赵云就此完全变成了另一个人，连他自己都不认识自己，甚至连声音也被改变了。

这可真是生不如死的折磨。赵云完全被变形之后，为了生存，只能到乌延驿中做了一名杂役。

直到一年之后，赵云的弟弟当了御史，"出按灵州狱"，赵云这才找了一个机会见了弟弟。想不到连弟弟都不敢认他，他只能把以前两人都知道的事写出来，这才让弟弟相信眼前这个陌生人真是他的哥哥赵云！

赵云的弟弟把这件事禀告了观察使李铦，于是李铦派出人手去抓捕，"尽得奸人"。

历史的横切面
另类角度看中国史

那个人在临刑之前倒也坦荡,说他们家干这样大变活人的事儿,已经好几代了!

是非只为多开口,烦恼皆因强出头。赵云的这场教训不可谓不深刻。

✱ 参考书籍

《独异志》